幻影公眾
民意與治理的慎思

The Phantom Public

沃爾特・李普曼 Walter Lippmann ———— 著

許珈瑜 ———— 譯

作家小傳

1931年《時代》雜誌封面上的李普曼，他是該年停刊的《紐約世界報》首席社論作家。

這可能是一場不知內情人士會覺得透著詭異趣味的嬉戲。在黑海濱城市索契（Sochi）某處的高級官員別墅區裡，有四個人開始玩起了業餘羽毛球，一隊由蘇聯的最高領導人赫魯雪夫（Nikita Khrushchev）與他的女翻譯員組成；另一邊則是一位全球聞名的美國專欄作家與他的第二任妻子。

他們的會面從那天早上11點就開始，並不都是在談論天下大事，除了羽毛球，還吃了兩頓豐盛的餐點；席間赫魯雪夫還體貼地擺了個大碗，讓這對作客採訪的夫婦可以把面前斟滿的烈酒倒掉好一些，不必如俄羅斯習性般一飲而盡。那天赫魯雪夫心情很好，他的醫生有事前往莫斯科，當下他似乎可以放縱享用美食，無視醫生規定他的不發胖飲食方式。

後來，年逾70歲的專欄作家實在撐不住了，他和太太以需要

003

回去睡覺為由結束了這八小時的拜訪。赫魯雪夫則同意這位作家之後如有需要,可以自由引述他那天的談話。

這其實是美蘇「冷戰」期間的一場採訪。作家很快在飛回倫敦的機上就開始動筆寫作,畢竟這位來自美國最大對手國領導人的意圖與說法需要十分緊迫地出版為一本《即將到來的俄羅斯考驗》(*The Coming Tests with Russia*)。作家在這本書的後記日期註記離會面還不到一個月,他指出赫魯雪夫對全球有些區域問題的評估及研判「不像是虛張聲勢」,而美國的政府與人民需要對此趕緊做好準備。

事後來看,這位在書中被作者簡略稱為「K先生」(Mr. K)的赫魯雪夫的確不是在虛張聲勢,而考驗也很快到來。比如,K先生明白告知這位專欄作家,於古巴發生的革命是必然的,且他掌握的情資使他有理由相信美國會在近日武裝一群古巴人登陸攻擊卡斯楚(Fidel Castro)政權,而且這個行動「會失敗」……。

沃爾特‧李普曼與赫魯雪夫在索契會晤那天是1961年4月10日。七天後,令美國政府顏面無光的「豬玀灣事件」(Bay of Pigs Invasion)被寫入國際史事;一支古巴流亡者部隊入侵三天後被肅清,千人被俘,配合行動的美國船隻及飛機也蒙受戰損。時任

作家小傳

美國總統的甘迺迪（John F. Kennedy）因此解職了「中央情報局」（CIA）三位最高級別官員，其中也包括中央情報總監艾倫・杜勒斯（Allen Dulles），後面我們還會再提到他。

與赫魯雪夫的採訪是李普曼不凡人生的寫照之一。與他祖國不同陣營的領導人都對他懷有敬意；他的意見世界精英想要聆聽，各國政要視他為一個可以理解美國高層政治的傳播窗口；他主張新聞從業者要與政治領導人物保持距離與懷疑，自己卻長期深入美國歷屆總統及商業界的諮議圈內；他對新聞媒體影響公共訊息品質的責任既有期待也有悲觀，但生涯的事業高峰脫不開美國報業最黃金的年代。他支持過六、七位美國總統競選者，在他們當選後某個時點則多半反對他們。這當中尤以因越南戰爭而被李普曼激烈批評的林登・強森（Lyden Johnson）反應最為激烈，這位總統甚至組織團隊，特別蒐集歷年來李普曼文章的預測與事實錯漏清單（這種文件總是會曝光出來），這也的確讓李普曼受窘。

1931年當他從《紐約世界報》（*New York World*）離開前往

《紐約先驅論壇報》（*New York Herald Tribune*），並就此開啟了一生評論事業最輝煌悠久的〈今日與明日〉（Today and Tomorrow）專欄時，其實震動了許多人，他的進步派朋友們指責他投向了保守的共和黨陣營。但其實李普曼都支持／批評過美國兩黨人士。

李普曼的早期著作及圈子使其被定義為「新自由主義」的濫觴之一，但他的許多理論卻又被認定為否定民選制度及精英保守傾向；他的傳播學名著《公眾輿論》可能是首次引入各種心理學研究於此領域的經典傑作，其間關於「共識製造」及「刻板印象」等概念至今仍在流傳，但他許多專欄中的失準判斷似乎又源於「並不總是理解大眾情緒或其對公共政策的影響」。有人稱他是「美國新聞學之父」，但他其實並不太從事傳統定義的新聞工作，也不以動用自己與權力圈的交集挖掘出搶先內幕為樂，他樹立的風格比較接近「當其他記者追逐新聞時，李普曼更喜歡沉思它。」

2022年，一場為紀念《公眾輿論》原著出版百年的哥倫比亞大學「李普曼研討會」上，一位學者佛斯特（Tom Arnold-Foster）就指出，這本書提出了「民主是唯一可行方式，但……各種現代性使得民主社會很難良善實行」的尖銳悖論，李普曼總是聲稱自己感到了「幻滅」，可是書的結尾卻簡單留下了一種樂觀，沒有

回應書中提出的問題。

也有很多人認為李普曼的特色是文筆更甚於觀點，有時他文詞中的華麗曲折及迂迴，曾令一位新聞評論者利伯林（A.J. Liebling）揶揄他「或許是當今世界上最偉大的『一方面這樣』（on-the-one-hand-this）作家。」

在80歲生日前夕的一場與研究生研討對話中，李普曼說，「自從我寫了《公眾輿論》這本書，甚至在寫作過程中，我開始意識到，依賴選票的一般大眾對於處理許多問題的能力是非常有限的。我寫了一本書叫《幻影公眾》（The Phantom Public，1925年），主張最終公眾輿論真正能做的就是說『是』或『否』。它無法做比這更複雜的事情。⋯⋯這是民主的一個重大未解決問題⋯⋯。」

——所以，不要只論是或否，李普曼獨一無二，因此他有時一方面這樣一方面那樣。黨派與「某某主義者」難以歸類他，標籤化的立場及刊文後的謗譽對他的人生自然有影響，但遠非他關心的事務，他為自己設定的志向是在複雜時局中提供洞察。於是，就如那本他授權深入使用私人資料研究的傳記《沃爾特・李普曼與美國世紀》（Walter Lippmann and the American Century）

作者羅納德・斯蒂爾（Ronald Steel）所說的，「讀者求教於李普曼的，不是解決問題的方法，而是不動感情的冷靜分析。他有一種化繁為簡的非凡本領。他的卓著成就可歸功於兩種品質：一是他總能夠撥開爭論與互鬥的迷霧，把握住形勢的本質，二是他的文體極為清晰明瞭。」

不管你喜不喜歡李普曼，他的評論就在那裡。斯蒂爾說，「……這種影響是實實在在的，但卻又難以估量。他並不指揮千軍萬馬，然而他確實具有左右輿論的巨大力量。」

1914年，完成哈佛學業，來自德國猶太裔優渥家庭的李普曼開始和一群志同道合、亟欲改造美國社會的進步派朋友共同籌辦一本雜誌，意圖帶來一份編輯與思想都嶄新的刊物，這段期間的人與事經歷直至他於1922年加入《紐約世界報》社論版工作之前，對於李普曼本人及其思想留下了深重的烙印。

事情一開始不太順利。首先原本刊物的名字叫「共和」，但後來一位波士頓人已搶先一步登記了這個名字，他們不得不

作家小傳

放棄。好一番討論後,只得更名為《新共和》(The New Republic)。創刊前的夏天,李普曼至歐洲休假兼探望雙親,這趟旅程使他結識了如H.G. 威爾斯、蕭伯納等英國文壇名流,並為日後替《新共和》開展人脈,只是這一切都比不上他有天在比利時遊覽,日記上描述的景象:「布魯塞爾的人們『在街上哭泣』,銀行恐慌導致信貸市場崩潰,並伴隨著德國入侵的威脅。」起因是那年六月,奧匈帝國的王儲斐迪南被刺,後來被稱為第一次世界大戰的前奏開始。李普曼從一位成長於富裕家庭的孩子轉變了他看待世界的方式,他寫道,「在這場戰爭中我的作用是要了解世界政治,培養對國家事務和軍事方面的興趣,擺脫那種僅僅致力於解決社群問題的舊自由主義⋯⋯。」

《新共和》在11月創刊,返美的李普曼在首期執筆了一篇書評,他顯然不太滿意H.G. 威爾斯的新作品《艾薩克・哈曼爵士的妻子》(The Wife of Sir Isaac Harman)。這時大戰已開打三個月,也隨即出現了所謂戰時宣傳(war propaganda)的力量,由於《新共和》的立場支持美國參戰,李普曼曾回憶道:「(《新共和》)所採取的立場,使我得到了人生唯一一次被賄賂的經歷。一位著名的英國出版商來到辦公室,表示如果我們能夠承諾每週

撰寫一篇同樣風格的文章，他準備在戰爭期間每週購買五萬份。」

大戰也讓《新共和》銷售從兩千餘份增至1918年戰爭結束時的四萬份；這時間李普曼並與他的妻子搬到了華盛頓一處地標「杜邦圓環」（Dupont Circle）的某間寄宿老房子裡，前後幾年，這房裡住有一位大法官及李普曼夫婦與他的哈佛同學（也是《新共和》的編輯成員）等人，可能由於這房子裡的人有種進步的

《新共和》的創刊頁面及李普曼執筆的書評。

自許及與人辯論的精神,因此被當地人戲稱為「真理之屋」(the house of truth);居民裡面可能身份最異類的是一位藝術家古茨頓・博格魯姆(Gutzon Borglum),他曾向屋子裡的人們展示過一個模型,後來還真拿到了預算並付諸實踐,刻出了著名的美國地景「總統雕像山」(Mount Rushmore)。

李普曼還在杜邦圓環的歲月中與時任海軍部、後來成為總統的小羅斯福(Franklin Delano Roosevelt)來往,以及一位後來成為美國著名的外交關係協會(Council on Foreign Relations, CFR)成員與編輯《外交事務》(Foreign Affairs)五十餘年的阿姆斯壯(Hamilton Fish Armstrong),他為李普曼協助研究,與李普曼在公私都成了摯友及夥伴;許多那個年代影響美國走向的政治精英都聚居於這個圓環附近,例如既是律師又有外交情報官身份的艾倫・杜勒斯一家,艾倫的兄長約翰後來也官至國務卿。

戰爭期間,李普曼本人被徵召為陸軍尉級軍官,後來並參與起草了著名的「十四點和平建議」;在那場事後證明沒能帶來穩固和平的巴黎和會工作期間,李普曼還結識了一位與他一樣年少成名,才思敏捷的經濟學家凱恩斯(John M. Keynes);這份交誼後來也使得李普曼完成了他「為《新共和》最成功的一次採

The Phantom Public

買」——凱恩斯極著名的《凡爾賽和約的經濟後果》(*The Economic Consequences of the Peace*)一書,最初以連載形式於《新共和》刊登後,迴響熱烈。二戰時,有回李普曼還拜訪過「廚房裡的凱恩斯」——那時凱恩斯的自宅也因倫敦轟炸頻仍受損,只能在炊事間與客人敘舊。

退役回到美國之後,戰爭帶來的種種改觀讓李普曼本人、「真理之家」、《新共和》團隊都不一樣了,他將完全進化為那個後人記述中的「專欄作家李普曼」形象,每一任美國領導者都不能忽略他的意見及政策支持。

李普曼的新聞工作經歷主要在《紐約世界報》社論版及後來的《紐約先驅論壇報》的〈今日與明日〉專欄。1922年的《紐約世界報》已經不是報人老普立茲(Joseph Plutizer)主導,管事的是他的兒子拉爾夫(Ralph)。可能與我們今日所熟知的的新聞「普立茲獎」及捐助創立哥倫比亞大學新聞學院這種公眾形象不同——在老普立茲時代,紐約地區激烈的報業競爭和其他產業沒

有二致。《紐約世界報》就搞過兩次噱頭，一次是為經費用罄的「自由女神委員會」募款（可謂一場百年前的「眾籌」行動）續建，這個「專案」事後刊出了十萬以上的小額捐助者姓名，當然也拉抬了閱報份額。還有一次，報社贊助一名女記者環遊世界，為的是打敗那個年代著名作品《環遊世界八十天》的情節。

到了普立茲晚年至拉爾夫時期，已經對這種聳動及刺激人們注意力的競爭疲倦，他們想把這種事讓給地區小報去做。已頗負名聲的李普曼與其才華正是《紐約世界報》新撰稿人的理想典型。只是，他可能與報社編輯部的人們想得有點不同。

羅納德・斯蒂爾的傳記上說，「……他身着細條紋的西服，頭戴圓頂硬禮帽，拿着手杖，……像是個刻板嚴厲的人。他看起來更像是公司董事，而不是記者。」

李普曼第一次從他頂樓的辦公室來到編輯部時，一位忙於截稿的編輯打量這人的衣著與眾不同，認定他是個信差，對他大叫，「坐下等。我一會兒就把信件袋裝好。」這位「信差」則用疑惑的眼光看着他，「對不起，我是沃爾特・李普曼。我想問問你關於住房的那篇文章。」

主管《紐約世界報》社論版主管時的李普曼才三十四歲，

編輯部的記者把李普曼稱為「頂樓君王」，但他其實並不像這個稱號般喜歡干預或嚴厲地對待這家報社的編採工作者，但他會細心修改下屬的每一篇稿子，特別重視文法及用詞。斯蒂爾的書上說，「普立茲兄弟想解雇報社裡年齡大的員工以削減開支時，李普曼竭盡全力保留他」，一些記者因為報導而遭到刁難時則出面維護；另一位《紐約世界報》的撰稿人則寫道，「他（李普曼）在《世界報》……為人辦的事比他們知道的要多得多，但也許他們永遠不會知曉。」

同樣受到李普曼照顧的人還有三十二歲的詹姆斯・凱恩（James M. Cain）。1924年他來到《紐約世界報》應徵，雖然有新聞界的推薦信，但他不甚有把握能在這家報紙得到某種他能勝任的寫作工作，凱恩回憶，「我告訴他（李普曼）……我剛從肺病療養院出來──我曾患有肺結核──我需要一份不需要太多走動的工作。於是我建議一個只要坐在那裡思考文章、構思的工作。……我就這樣繼續說著，李普曼盯著我，……他在聽我說話，雖然不予理會，但他在沉思。我心想，這傢伙到底怎麼了？他打斷我，問我有沒有寫作樣本……。後來，當我們成為了融洽的朋友時，我問他關於這次面試的事，他說：『當我聽你說話

時，我開始意識到，你的不定詞從未分裂，你所有的代名詞都正確無誤，而且你的分詞也沒有懸垂」。」從小被父親要求的嚴密口語風格讓這位以前和友人會把「社論」（editioral）故意開玩笑說成「由訓練有素的海豹撰寫」的「白痴論」（idiotorials）的凱恩得到了一份全職工作。凱恩形容李普曼「在紙上，總是讓我覺得有點文藝氣息⋯⋯人們無疑把他當成一個瘦小緊張的男人。他並不小——而是一個高大魁梧的人，非常強壯，有著粗厚有力的雙手。」

在一次於報社大樓外的同行中，李普曼曾伸出他強壯的手拉住凱恩——在一輛冒失疾駛的車輛只距他幾公分前開過時；對於其實更想成為小說家凱恩，李普曼也出手協助他說服當時美國知名的出版人諾普夫（Alfred Knopf）簽下凱恩的初稿出版。這部作品後來大獲成功，有18種語言翻譯版本，並被改編成電影戲劇，有很多人都知道這部《郵差總按兩次鈴》（*The Postman Always Rings Twice*）的故事情節。

不過，凱恩倒沒有因為這些恩情而假意認可李普曼的文風。筆下另一種風格的他公開寫過有次和李普曼午餐時，他抱怨這位上司的文章總想「挖掘基本原則⋯⋯這行不通。就像音樂：鋼琴

有八個八度,小提琴有三個,短號有兩個,而⋯⋯號角只有四個音符。現在你如果拿的是號角,那就沒有必要把自己固定在鋼琴樂譜前。」」

「也許你說的對」,李普曼回應,「但該死的,我不打算花一輩子寫號角聲。」

據斯蒂爾的傳記記述,李普曼在《紐約世界報》工作了九

《紐約世界報》的編輯主管群合影。前排座中間為李普曼,後排立者左二是詹姆斯・凱恩。(圖片來源:Yale University Library Digital Collections:Lippmann, Walter, 1889-1974。https://collections.library.yale.edu/catalog/10014445)

作家小傳

年,於新聞界聲名日隆,產出了約1200篇社論,三分之一是關於外交事務,而「在美國人大概對海外任何事情都不感興趣」的年代,這是個顯著的選擇。

《紐約世界報》在1931年不敵市場現實轉售,與《紐約電訊報》合併。不想寫號角聲的李普曼接下來的聲量卻經常響徹世界。

二十一世紀的人們絕對很難想像,李普曼的報紙專欄〈今日與明日〉是如何運作的,它又能多大程度影響各國重要決策者的運作。

1958年,一篇《時代》雜誌的報導〈那個特立獨行的人〉(The Man Who Stands Apart)試圖再現這個專欄的生產過程:

> 「每週有兩天,早餐後的華特・李普曼(Walter Lippmann)會把自己隔絕在華盛頓寧靜的伍德利路(Woodley Road)上,他那爬滿常春藤的家中書房裡,撰寫他的聯合專欄〈今日與明日〉。這間書房明顯是一位學者的巢穴。⋯⋯

對於如『利普曼專欄的誕生』這麼智識性的事件，這週遭的環境設置看來很隨興。

……自早上六點醒來後，創作情緒的螺旋已經逐漸緊繃，他已躺在床上沉思了一會兒。現在是九點。大約兩個小時後，他用墨水以緊湊難辨的字跡寫作，盡可能縮寫（例如「negotiate」變成「nego」），構思出 750 到 1000 個精心挑選的詞語。他將自己的作品朗讀進口述錄音機，連標點符號都一應俱全：『這並不太可能～逗號～我認為～逗號～總體而言……』；在他的工作人員打字並核對他的訊息後，這段話會透過長途電話讀給紐約《先驅論壇報》的自動錄音設備聽。

在那個時刻，這位作者已將日常瑣事拋諸腦後。他的興趣在於學人的追求，推進而非販賣思想和觀點。他對讚譽和批評都漠不關心，不清楚有多少讀者關注他，也不在乎：『擔心你的觀眾數量，就像每天量血壓一樣。』」

在最高峰時期，〈今日與明日〉會從挪威奧斯陸、加爾各答到東京各地，發布於美國和海外約 270 家其他報紙上，其多語種

作家小傳

一幅描繪書房裡李普曼的畫作（原畫為彩色），畫家是 Stanley Meltzoff，收藏於史密松學院／美國國家肖像畫廊。
©National Portrait Gallery, Smithsonian Institution, 1954.
https://www.si.edu/object/walter-lippmann:npg_NPG.95.51

發行量估計達到 2000 萬。

有次,當李普曼以一篇專欄斥責甘迺迪總統的政策時,「總統氣憤地問親信為什麼他還要費心閱讀媒體對他行動的批評……『嗯,』他自問自答,『畢竟這是沃爾特‧李普曼』。」

1968年「越戰」正熾,在中國政府的外交出版史料中,毛澤東有次與越南共產黨領導人胡志明的得力助手「范文同」談話時說,「美國有一個習慣,就是不打長期戰爭。……特別是,美國記者沃爾特‧李普曼最近發表了一篇文章,警告不要再次陷入陷阱。他說美國已經在越南陷入了陷阱,……因此,你們的事業是有希望的。」

在一封中央情報局(CIA)現已公布的歷史通訊中,李普曼從報社寄了封短信知會情報總監艾倫‧杜勒斯,信上說明一位加拿大記者菲爾波特(Elmore Philpott)——李普曼並不認識也沒聽過這個人——在寫給他的信上說,自己剛從中國回來,並與外交部門人士有接觸談話;李普曼轉述菲爾波特的話,大意指出:中國將考慮進行某種「如你專欄上建議」的計畫,自兩個島嶼名義上撤回軍事行動,但不代表中國政府對主權有任何退讓……。這份短信文件上的日期是1958年11月 ,三個月前,「第二次台海

危機」(即「823炮戰」)剛爆發。

李普曼本人和〈今日與明日〉專欄後來已成為某種高級的美國政治單元,他的意見聲望猶如一種重要思想通貨。

1937年,紐約和華盛頓的建制派對一椿「風流韻事」(其實後來幾乎瀰漫成一件「醜聞」——在當時的美國社會倫理觀下)大感震驚,他們焦慮李普曼這個思想通貨發生流動性問題。這場危機最簡要的版本是:李普曼與那位在《新共和》時期即結識的阿姆斯壯的妻子「海倫」陷入了不倫戀。

在一次海倫歐洲之行時,四封抒發離愁的李普曼來信寄至某處旅宿,但已經離開前往下一站的海倫沒能收到。旅宿的工作人員十分盡責,他們不知海倫現在何處,就把信轉寄回給收件人夫婿的美國辦公室。阿姆斯壯的秘書則十分多事,認出李普曼出了名難辨的字跡及收件者名字後,她心生懷疑地拆了信後交給老闆。

這兩對夫婦其實有多年交往,還結伴出遊過數次,結果情誼與婚姻雙雙破裂。原本有意挽回妻子的阿姆斯壯後來無心處理離婚分產及撫養權事宜,他的朋友艾倫·杜勒斯(那時是以律師的資格,而不是情報官的技術)無酬且迅速地辦理完法律程序。只是,阿姆斯壯長期編輯的《外交事務》再不會有李普曼的文章了。

著有《杜邦圓環》(*On Dupont Circle*)一書的史羅德斯(James Srodes)描述了政治圈內對此風波的憂心,「……雖然婚外情司空見慣,但離婚仍然是一件不光彩且不被接受的事情。……更深思熟慮的觀察者擔心更大的後果。……沃爾特・李普曼現在被外交關係委員會和《外交事務》雜誌列入黑名單……剝奪了一個讓他發揮影響力的場所……失去了李普曼那常常相左的參考意見……。」

斯蒂爾的傳記上則記述了,這場因為「四封走失的情書」爆發的不幸,也讓《紐約先驅論壇報》上另一位當時極有名的專欄〈紀錄〉(On the Record)新聞作家桃樂西・湯普森(Dorothy Thompson,她的辦公室和李普曼在同一層樓)甚至擔心起來,「李普曼和阿姆斯壯之間的糾紛,可能會削弱美國人民抗擊納粹威脅的意志,因為他們兩人都是熱情飽滿、影響巨大的國際派人士……。」

自二戰及至美蘇冷戰,這個長達三十五年的專欄裡,李普曼

產出了超過四千篇文章,包括書籍在內,他一生寫作逾千萬字。期間他當然曾有過誤判形勢、預測總統選舉結果失準、批評過公認是由凱南(George Kennan)設計的著名「圍堵」(containment,又稱「遏制」)戰略,認為這個戰略假設蘇聯會在內部自行浮現問題的想法過於天真⋯⋯等等;但這些都無礙他寫下評論,協助讀者追求理性的腳步,就如斯蒂爾的傳記上說的,「他一生都試圖理解外部的革命與巨變,幫助他的同胞『適應現實』。」

到了1967年,李普曼終於告別了〈今日與明日〉,在其他報刊媒體的撰文變得較少或不定期,寫書之外,偶爾接受那時興起中的廣電媒體採訪。

斯蒂爾從1969年開始為李普曼的傳記進行研究,後來成書的前言上形容,「1967年他半退休的時候,就好像是種已經形成制度的做法突然停止了存在。整整三代人都靠沃爾特・李普曼指點政治事務的迷津。」

一部專注於研究李普曼經濟主題言論的《李普曼:公共經濟學家》(*Walter Lippmann: Public Economist*)的作者古德溫(Craufurd D. Goodwin)感慨地說:「當我們反思21世紀美國公共政策辯論時,面對尖銳的意識形態和政治分歧,以及媒體在快

速變化的技術和商業危機中的混亂,我們可能會想,如果能像我們的父母那樣,早上醒來喝著咖啡,幾乎每天都能看到〈今日與明日〉該有多麼安適。」

1971年1月,李普曼最後一篇專欄文發表在《新聞週刊》(*Newsweek*),評論了時任美國副總統阿格紐(Spiro Agnew,他後來在任內因故辭職)。他於1974年11月過世,火化後骨灰撒於緬因州海濱。最後一本未完成的書籍工作稿標題是《人的難以治理》(*The Ungovernability of Man*)。

曾被他批評,但其實私人非常敬重他的戰略家凱南追悼:

「在戰後(二次大戰)時代的複雜性開始成形之時,他並不比我們其他人更有完美的答案來應對那些問題。……核武、人口過剩、饑荒,以及現在明顯逼近每個人的環境污染威脅——三〇年代他苦思信念困境和自由主義意義的努力,都是人們看不見的。……但他從未失去對公正理性的信心。當他無法教導他人**思考什麼**時,他教導他們**如何思考**;考慮到我們的世界正被目不暇給的快速變化所吞噬,這或許是他能做的最有用的事情。」

沒有李普曼的世界繼續快速變化，數位及影視媒介讓新聞日報業的盛世再不復返；斯蒂爾辛勤研究採訪，但心裡希望李普曼「不會要求預看書稿」的那本傳記終於出版；那個李普曼在索契採訪時還自信滿滿的蘇聯政體，也在他身後多年一如凱南的戰略研判崩解。不會變的是，這世界再無李普曼。

獻給我的朋友勒恩德・漢德法官（Learned Hand）

「常言道:『人民的聲音即上帝的聲音。』然而,這句格言引用得再普遍,被再多人奉為真理,它都與事實不符。」

──亞歷山大・漢彌爾頓(Alexander Hamilton),1787年6月18日於聯邦制憲會議(葉慈〔Yates〕註,引自《美國革命之資料來源與文獻》〔*Sources and Documents Illustrating the American Revolution*〕,S.G.莫里森〔S. G. Morison〕編輯)

「……把『以公眾意見治國』當成一道公式……這道公式值得讚賞,但它隱含兩個預設,一是公眾意見真的存在,二是意見不僅存在,在任何具體問題上還能隨時提出可處理問題的見解。說穿了,這就等於預設在民主政府中,最至高無上的政治家就是公眾意見。然而,民主政府之所以有諸多缺陷,恰恰是因為公眾意見實在不見得等於偉大的政治家。」

──摘自法羅頓的格雷子爵(Viscount Grey of Fallodon),1923年2月3日的演講〈淺談公共生活〉(Some Thoughts on Public Life)

目錄

第1部

第一章　幻滅之人　032
第二章　遙不可及的理想　039
第三章　代理人與旁觀者　053
第四章　公眾能做什麼　063
第五章　制衡專斷力量　069

第2部

第六章　亞里斯多德的提問　080
第七章　問題的本質　083
第八章　社會契約　094
第九章　公眾面對的兩個問題　103
第十章　公共辯論的主要價值　105
第十一章　有缺陷的規則　109
第十二章　改革的標準　116
第十三章　公眾意見的原則　128

第3部

第十四章　社會再定位　136
第十五章　缺席的統治者　150
第十六章　混亂之地　161

第1部

普通公民發現自己就像坐在劇院後排的聾子，他知道，身為觀眾應該把注意力集中在遠方舞臺上的謎團，卻怎樣也不大能保持清醒。……公眾的角色並非表達意見，而是透過結盟來支持或反對某項提議，……我們必須承認，人民意志並非時時刻刻主導公共事務，而只是偶爾介入。

THE
PHANTOM
PUBLIC

第一章
幻滅之人

1

　　現今的普通公民發現自己就像坐在劇院後排的聾子，他知道，身為觀眾應該把注意力集中在遠方舞臺上的謎團，卻怎樣也不大能保持清醒。周遭一切的事物都在影響他。各種條例規章、年度要繳納的稅金，偶爾爆發的戰爭，無不在提醒他外在環境掀起的滔天巨浪正將他捲入其中。

　　然而，這些公共事務不管從什麼角度來說都非他所管。這些事大多看不見也摸不著。如果真的有人在管，那也是在遙遠的核心之處，由不知名的力量在幕後操控。身為一個普通百姓，他不確定發生什麼事、是誰在做這件事，以及自己被帶往何方。沒有報紙報導他所處的現實環境，幫助他掌握局勢，也沒有學校教導

第一章　幻滅之人

他如何設想這些,而他對公共事務抱有的理想,往往與現實存在落差。他發現聽演講、發表意見以及投票,都不能讓他掌控所處的局面。他生活在一個他看不清、無法理解,更沒有主導權的世界裡。

冷靜下來回想過去的經驗,他意識到自己的主權是虛構的。理論上他是治理者沒錯,但實際上並非如此。他反思自己的角色,以及在公共事務上的實際成就,將自己的影響力與民主理論認為他應該施展的影響相比較,結果對於自己的主權,他不得不引用俾斯麥(Otto von Bismarck)[1]對拿破崙三世(Napoléon III)的評價:「遠看煞有其事,近看什麼都不是。」假如在競選活動等鼓動民心的場合中,他聽到自己和其他3000萬左右的人被形容為所有智慧、權力和公義的來源,是最初的推動者,也是最終的目標,然而他心中殘存的理智對此發出抗議。他可沒辦法成天當一隻驕傲的公雞,以為太陽是因為自己啼叫才升起,總是自鳴得意,喜不自勝。

---

[1] 譯注:曾任普魯士首相,在位期間普魯士與拿破崙三世領導的法蘭西第二帝國爆發普法戰爭。

當一名普通老百姓歷經了政治的浪漫時期之後，以往的激昂呼聲如今變成老套的應和，再也無法打動他。在清醒而不為所動的狀態下，他覺得自己在公共事務扮演的不過是一種自以為是，次等而無足輕重的角色。你無法用社會服務、公民責任的直接言論動搖他，即使在他面前揮舞國旗或派一個童子軍監督他投票也沒用。他是從猶如十字軍東征的漫長奮鬥中歸來的人，意在將世界改變成心中的模樣，卻未能如願。他曾被事件表面的泡沫所迷惑，也屢屢看著事件熱度消退，而他只能帶著酸楚嘲諷這些破事，借用《瑣事》(*Trivia*)[2]作者的文字說道：

「自決。」其中一人堅決要求。

「仲裁！」另一個人高喊。

「合作？」群體中最溫和的人提出建議。

「沒收充公！」一位不願妥協的女性回應。

---

2 羅根・皮爾索爾・史密斯（Logan Pearsall Smith）的散文集《更多瑣事》(*More Trivia*)第41頁。
　譯注：英國作家羅根擅長散文與雋語。此處引用《更多瑣事》中的〈一顆顆離子〉(Ions)。

第一章 幻滅之人

而我,也沉醉在這些玄妙之詞的聲音中。這些不就是解決我們所有弊病的良方嗎?

「接種疫苗!」我插了一句。「聖餐變體(transubstantiation)、押頭韻(alliteration)、洪水氾濫(inundation)、鞭打(flagellation),還有造林(afforestation)!」[3]

2

大家都知道,根本沒有全民參與公共事務這回事。即使在總統大選年,美國也只有不到一半的合格選民參與投票[4]。1924年的競選活動想方設法號召更多選民出來投票,但選民並沒有現身。憲法、國家、政黨體系、總統繼任程序、私有財產,在許多人眼中都岌岌可危。有政黨預言,倘若選民不更踴躍投票,國家就會

---

3 譯注:從英文來看,作者只是無意義的喊出一些以ation結尾的單字。
4 參見賽門‧米謝勒(Simon Michelet)《居家棄票與缺席選民》(*Stay-at-Home Vote and Absentee Voters*),由「全國催票俱樂部」(the National Get Out the Vote Club)出版的小冊子;亞瑟‧梅爾‧施萊辛格(A. M. Schlesinger)與埃里克.麥金利.埃里克森(E. M. Erickson)合著的《消失的選民》(*The Vanishing Voter*)一文在1924年10月15日發表於《新共和》(*New Republic*)雜誌。從1865年到1920年,選民投票率由83.51%下降到52.36%。

面臨紅色毀滅[5]，另一個政黨則預測會出現嚴重貪腐，甚至有政黨說國家會淪為暴政和帝國主義，但一半的公民還是無動於衷。

以前學生寫長篇大論談論投票，現在他們開始將主題轉向棄票。芝加哥大學教授梅里亞姆（Charles Edward Merriam）和葛斯內爾先生（Harold Foote Gosnell）視1923年的芝加哥市長投票為美國選舉縮影，詳細調查為什麼在140萬合格選民中，僅90萬人登記投票，而在這些已登記的選民中，最終僅72萬3000人有辦法投票。研究訪談了數千人，大約有30%的棄票者在前往投票所時遇到無法克服的困難（至少他們如此聲稱）。有的生病，有的不在芝加哥，有的婦女因為家裡有小有病而走不開，有的未滿設籍時間。另外70%的人，也就是這個共和國約50萬名擁有自由與主權的公民，甚至連假裝不去投票的理由都懶得想，但這並不意味著他們對投票默不關心。棄票可能是因為工作抽不了身、投票所人潮擁擠、投票地點不便、不敢說真實年齡、不相信婦女選舉權、丈夫反對、政治腐敗、選舉腐敗、不敢投票或不知道有選

5　譯注：1920年前後，美國社會對共產主義和社會主義的興起產生恐懼，出現紅色恐慌（Red Scare）。

第一章 幻滅之人

舉。而約1/4的受訪者坦言,他們對選舉完全不感興趣。

然而,曾任英國駐美大使的學者布賴斯(James Bryce)為下面這句話賦予威信:「擁有主權的人民所表達的意志⋯⋯在美國⋯⋯是由登記選民表達,而這些選民的投票率與其他國家相比並不遜色。」哈佛大學時任校長羅威爾先生(Abbott Lawrence Lowell)在其著作《公眾意見與人民政府》(*Public Opinion And Popular Government*)的附表羅列了瑞士公民行使創制複決權的數據,這些數據清楚的顯示,美國選民的冷漠態度並非特例。事實上,歐洲注重現實的政治思想家早已拋棄由人民集體主導公共事務發展的概念。社會主義者羅伯特・米歇爾斯(Robert Michels)直截了當地說:「多數人永遠沒有自治的能力。」同時語帶認同引用了瑞典上議院社會民主工人黨議員古斯塔夫・弗雷德里克・斯特芬(Gustaf Fredrik Steffen)的說法:「即使贏得選戰,政治生活始終存在領導和被領導的人。」米歇爾斯是極具洞察力的政治思想家,他最終在這個問題上引述了俄羅斯帝國社會主義者赫爾岑(Alexander Herzen)的話,將積壓在心中的想法吐露出來,表示在野黨的勝利不過是「從嫉妒的圈子進到貪婪的圈子」。

所以,普通公民透過以下方式表達幻滅之情也不是特別新奇的事:一票都不投、只投給排在候選人名單(ticket)最上面的人、不參與初選、不讀講稿和文件、一連串方方面面的不作為等。例子就先舉到這裡,我不該再譴責這樣的普通公民,我對他們深表同情,因為我相信他們所肩負的任務是不可能達成的,要他們去實踐的理想更是可望而不可及。對我來說也是如此。雖然我大部分時間都在關注與致力於公共事務,卻抽不出時間完成民主理論期待我做到的事。換言之,我沒功夫瞭解時下大大小小的事,並對自治社群面臨的每一個問題都提出有價值的意見。而且上至美國總統下至政治學教授,我還沒見過誰既能擁有主權,又是一名無所不能的公民,連接近這樣理想的人選一個都沒遇過。

第二章
遙不可及的理想

1

我一直在思考如何培養完美的公民。有人說必須由合適的種質（germ plasm）[1]結合而生。支持優生學的麥迪遜・格蘭特（Madison Grant）、洛斯羅普・史托達德（Lothrop Stoddard）等復興過去思想的人所撰寫的著作中，我讀到一些指示說明誰跟誰應該結婚，才能培育出優秀的公民。我不是生物學家，所以對此保持開放樂觀的態度，但也不至於過於正向，因為我知道，作者對如何透過繁殖來培育人類的能力越有把握，基本上他的科學聲望越低。

---

[1] 譯注：十九世紀末，德國生物學家奧古斯特・魏斯曼（August Weismann）提出多細胞生物的生殖細胞含有「種質」，可遺傳給後代。

既然科學的路不通,接下來當然就要把焦點轉向教育,因為過去150年來,每一本樂觀看待民主的書在最後一章都是以教育來發展論點。就連治學嚴謹且堅決不訴諸理想情懷的米歇爾斯,也在著作的最終章〈最終省思〉(Final Considerations)寫道,「社會教育的重大任務是提高大眾的智力水準,讓大眾在力所能及的範圍內,有能力抵抗所有集體行動的『寡頭傾向』[2]」。

於是我讀了一些國小到大學新出的標準版公民教科書。讀完之後,我認為無論是誰讀這些書,最後都會得出這個結論:人人都要有寫百科全書般的求知慾,還要有源源不絕的時間。不可否認的是,學生不用再背郡書記官的確切薪資和驗屍官的任期。新的公民教育念的是政府面對的問題,而非組織結構的細枝末節。我最近讀的一本教科書有500頁,內容包羅萬象、言簡意賅卻也不乏爭議之處,教的是城市問題、各州問題、國家問題、國際問題、信任問題、勞工問題、運輸問題、銀行業問題、鄉村問題、農業問題等無窮無盡的疑難雜症。在聚焦討論城市問題的11頁篇

---

[2] 譯注:米歇爾斯提出寡頭鐵律(iron law of oligarchy),認為所有組織最終都會由少數人把持權力,不論組織多民主皆然。

第二章 遙不可及的理想

幅裡,還敘述了12個子問題。

然而,這本立意良好的書卻沒有給未來的主權公民任何建議,告訴他在維持生計、養育子女和享受生活的同時,該如何持續跟進時下脈動,瞭解這些紛繁混亂的問題有何進展。書中只有勸他們節約使用有限的自然資源,並寫道納稅人不可能永無止境地承擔節節攀升的公共支出,建議他們多加關注相關支出。而作為選民、公民、主權者的他們,顯然被寄望投入無限的公共精神、興趣、好奇心和努力。教科書的編纂者從城市下水道談到印度鴉片,自認為書中已經觸及所有的議題,但他卻忽略了一個關鍵事實:公民花在公共事務上的時間少之又少,對事實根本不怎麼關心,對理論壓根興趣缺缺。

這位教公民責任的老師,從來沒有想過要提供一條規則給學生,以協助他判斷星期四的責任是關心國內的布魯克林地鐵問題,還是國際上的滿州鐵道議題。而當他前一天針對蒙大拿州的鄉村信貸以及英國在蘇丹的權力發表看法之後,要如何有時間再補足地鐵的相關知識,進而就這個領域提出意見呢?他不可能無時無刻都對所有事情瞭如指掌,關注一件事的時候,其他成千上萬的事情都在歷經巨大變化。除非他可以找到一些合理的依據,

讓他只把注意力集中在最有益的地方，而且方法適合他本身作為外行人的知識能力，否則他只會像一次想舔三根骨頭的小狗一樣，不知所措。

我並不是說帶學生了解世界各地的問題沒有任何好處，這麼做或許能讓青年學子明白世界很複雜，即使他們在經歷冒險後會「滿是病菌，一張口就對你灌輸各種信念主張」[3]，但說不定也會學到謙遜。總之會學到什麼不好說，唯一確定的是他所瞭解到的美國問題，是由一位立意崇高的編纂者所界定，而且只侷限在1925年，因此即便他對這些問題有所認識，也不具備掌握美國十年後問題的能力，除非他在學習短期議題時，養成某種理智態度，否則就不算真正受過教育。

這就是為什麼一再訴諸教育來補救民主的無能之處往往徒勞無功。立法者和宣揚公民理想的人在不受約束的情況下，自由寫下各種標準和要求，然後讓學校老師教導學生。實際上這種訴諸教育的做法，無非是認為老師應憑一己之力施展某種魔法，讓莘莘學子具備治理能力。改革者不問哪些東西是教得來的，反而主

---

3 譯注：上面的細菌指的是片面、狹隘的觀點。

第二章 遙不可及的理想

張學生應該接受所有可能有助他們治理現代世界的教育。

一再訴諸教育只會帶來失望,因為現代世界的問題層出不窮,其變化速度之快老師根本跟不上,也掌握不了這些問題的實質內容。如果學校試圖教導孩子解決當前問題的方法,勢必永遠落居於後。學校最有可能做到的,頂多是教導一種思考和感覺模式,讓公民能夠運用具有實際效用的方法來應對新問題。但這種模式不可能由一板一眼的教育工作者創造,勾勒這一模式的工作要交給政治理論家。在這過程中,理論家絕對不能預設大眾有政治天賦,而是要假設人們即使有天賦,也只會花一點時間和注意力在公共事務上。

在我看來,道德主義者絕對會認同以下想法:社會教育首要處理的絕非短期問題在特定階段的細節和解決方法,而是著重於普遍原則,由這些原則形塑面對所有問題的態度。我奉勸他別這麼想。治理現代社會需要的不僅僅是好的良知,因為當難題的本質是為良知找到指引的情況下,良知本身是無法指引任何方向的。

每當我忍不住產生這樣的想法,認為只要教導道德、禮儀和愛國主義,就能讓人準備好應對現代社會,我就會回想一則寓言故事。故事講的是在黃昏時分,有位教授一邊沉思一邊在樹林裡

散步，走著走著不小心撞到一棵樹，讓他不得不有所反應。身為品德高尚又有教養的人，他脫下帽子，向樹深深鞠了一躬，並誠懇道歉：「抱歉，先生，我以為您是一棵樹。」

我的問題是，斥責他的行為不對，從道德的角度來看公平嗎？如果他碰到的是一棵樹，誰能說他沒有撞到樹的權利？如果他撞到的是人，這樣道歉還不夠嗎？這裡的行為完全符合他自己的道德準則，唯一要質疑的不是他心地有多善良，也不是他對自己的原則有多堅定，而是他知不知道事實真相。你可能會反駁說，他在道德上有義務瞭解人和樹的區別。這麼說也許沒錯。但假設他不是在樹林裡散步，而是在投票；假設他碰到的不是一棵樹，而是福尼—麥康柏關稅（Fordney-McCumber tariff）[4]。若是如此，你會要他再承擔多少瞭解真相的義務？說到底，這位黃昏時分在樹林散步的人，心思專注在其他事情上，而他所面對的是他自認為的事實（正如我們每個人也認為自己所面對的就是事實），他不過是按照以往學到的方式來履行義務。

---

[4] 譯注：第一次世界大戰期間，美國出口大量產品到深陷戰火之中的歐洲，一戰結束後歐洲市場復甦，美國市場受到威脅。1922年，美國通過福尼—麥康柏關稅提高進口關稅，保護國內產業。

第二章 遙不可及的理想

某種程度上,整個動物世界似乎都跟這位沉思中的教授一樣,欠缺對現實的判斷力。俄羅斯帝國生理學家帕夫洛夫(Ivan Pavlov)以狗為實驗對象,結果顯示即使動物的胃經過改造後不參與消化,動物依然能充分感受到進食的愉悅[5]。而在實驗室受騙的老鼠和猴子數量,僅次於滿懷希望的民主國家公民。正如心理學家所言,人類的反應是受制約的,因此很容易對以假亂真的玻璃蛋、吸引真鴨的誘餌鴨、愛擺架子的人或者政治綱領產生反應。沒有任何道德準則可以讓人真正知道,自己是否在重要的真實事件運用了道德能力。古希臘哲學家蘇格拉底(Socrates)在很久以前就指出,真正的德性來自於知識,而判斷對錯的準則必須仰賴對我們對真假的認知。

但縱使成功實踐某條道德準則,也無法讓民主得到解脫。準則實在太多了。在我們的日常生活中,在我們所屬的社會範圍裡,或許存在共同接受的標準。可是如果有政治理論家要求將地

---

5 譯注:此實驗探究食物在進入胃之前,胃液是否已經分泌。帕夫洛夫透過手術讓狗即使吃下食物,食物也無法進到胃,而是從人工瘻管排出,結果顯示光是感官刺激就能促進胃液分泌。他也發現,反覆在餵食前搖鈴給狗聽,操作多次後,只要搖鈴狗就會分泌唾液,這個發現成為古典制約(classical conditioning)的基礎。

方標準變成全國一體適用,那麼他不過是在迴避本該想辦法解決的問題。原因在於,雖然政治組織的目標可能是達成共同的判斷標準,但形成政治並使政治組織成為必要存在的條件之一,也會與各種標準互相衝突。

如果有人假定自己的好壞觀念是普遍適用,而且難以擺脫這樣的想法,可以推薦他瞭解一下英國生物學家達爾文(Charles Darwin)所寫的「貓與三葉草」的故事。三葉草由熊蜂異花受精,所以熊蜂越多,來年三葉草繁殖越來越多。但是熊蜂的巢穴會被喜歡吃白色幼蟲的田鼠劫掠,所以田鼠越多,熊蜂越少,三葉草繁殖越差。但是村莊附近的貓會捕食田鼠,所以貓越多,田鼠越少,熊蜂越多,三葉草繁殖越好。村裡慈祥的老太太越多,貓也越多。

如果你剛好不是印度教教徒或素食者,而是吃牛肉的西方人,你一定會讚揚這些養貓的老太太,因為貓會捕食田鼠,保護熊蜂不被消滅,而熊蜂能為吃草的牛群打造一大片三葉草。如果你是貓,你也會喜歡老太太。可是如果你是田鼠,從你所處的世界來看,是非對錯就會大不相同!養貓的老太太看起來就跟養老虎的女巫一樣「慈祥」。田鼠安全聯盟(Field Mouse Security

第二章 遙不可及的理想

League）[6]會針對「老太太之禍」展開激烈辯論。畢竟對一隻愛國的田鼠而言，熊蜂存在的唯一目的就是產下白色幼蟲給田鼠吃，現在要這隻田鼠想像一個不是這樣運作的世界，牠還能有什麼想法？那樣的世界彷彿沒有法律和秩序可言。只有哲學涵養深厚的田鼠才會認同法國哲學家柏格森（Henri Bergson）的觀點：「因遇到與期望不同的秩序而在心中產生失望，為了語言方便，這份失望以失序這個概念客體化。」[7]我們認定的良好秩序，一定符合我們的需求、期望和習慣。

我們的期待並非普遍適用或永恆不變。雖然出於修辭效果，我們常這麼說，但在具體情況下，要解釋我們的想望為什麼如此正當並非是易事。如果農民的購買力下降，能買下的加工食品少於以往，秩序就會失衡並產生問題。但是有什麼絕對的標準可以斷定，一蒲式耳的小麥（約27公斤）在1925年所能換取的食品，應該比1913年更多、相等或更少？有誰能訂定一條準則，決定農民或其他階級的生活水準應該上升還是下降，而上升或下降

---

6 譯注：這裡對應到現實中的國家安全聯盟（National Security League），此聯盟成立於1915年，為美國非營利組織，提倡備戰、愛國主義、美國化等主張。
7 見《創造進化論》（*Creative Evolution*）第三章。

的速度和幅度又該是多少？

雇主以特定工資提供工作機會，倘若工作機會多於勞工，雇主可能會怨聲連連，稱這是社會問題。但有哪條規則可以告訴我們勞動力應該過剩多少，又該以多少工資應對？考量到勞工願意或能夠接受的工作種類、地點和工資，也可能出現勞工數量多於工作機會的情況。雖然勞動市場的問題會變得很棘手，但我們並沒有任何準則可以決定社會在責任上要為多少技師、文書、煤礦工、銀行家或銷售員提供工作。

在農民對抗製造商，雇主對抗勞工或是債權人對抗債務人的情況中，若要舉證任何一方的論證有其正當性，都需要極端的偏袒或自我欺騙，反之亦然。這些利益衝突正是問題所在，必須謀求解決之道，但是沒有任何道德模式可以供我們從中推導出清晰、確切的解決方法。

如果優生學不能培養出理想的民主公民（即無所不能的主權公民），因為生物學既不清楚如何培育出擁有卓越政治特質的人，也不清楚何謂卓越的政治特質；如果教育不能讓公民具備所需的能力，因為學校老師無法預見未來的問題；如果道德不能指引公民，一來因為在具體情況下的對錯取決於對真假的感知，二

第二章 遙不可及的理想

來因為這等同假設世上存在一條普遍適用的道德準則,但事實上並不存在,那麼我們要怎麼尋找培養稱職公民(competent citizen)的方法呢?19世紀的民主理論家提出了其他幾種解方,至今仍然影響許多對民主滿懷希望的人所抱持的想法。

其中一個學派提出的改革是以這句格言為基礎:解決民主弊病的良方是更多的民主。他們假定人民意志是明智且善良的,只要能觸及這股意志,就能彰顯它的本質。該學派提議擴大選舉權,並盡可能透過各種方法增加投票機會,包括行使創制、複決和罷免權、直選參議員、直接初選、民選法官等等。但是有個問題他們避而不答,就是這種公眾意見不過是他們的預設,從來沒有證據證明這種明智且善良的意見真的存在。自1896年布萊恩(William Jennings Bryan)競選美國總統以來,這一派的觀點在多數州廣為實踐,對聯邦政府的影響不容小覷[8]。自1896年起,合格選民數變為三倍,且選民直接參與政治的範圍大大擴張。可是在這段時間,總統選舉的投票率從1896年的80.75%下滑到1920年

---

8 譯注:當時民主黨總統候選人布萊恩提出自由鑄造銀幣等符合基層人民期待的訴求,贏得代表民粹主義的人民黨支持。儘管布萊恩競選失敗,但他持續在政壇活躍,推動的改革包括直選參議員和婦女選舉權等。

的52.36%。顯然這個學派在第一個假設上就出現謬誤，他們誤以為「全體人民」都想積極參與治理。再者，沒有任何證據顯示那些實際上參與治理的人民真的主導了事務的發展。政黨機器挺過一次又一次的攻擊——說真的也沒有挺不過的道理。如果選民是因為沒有時間、興趣或知識，才沒辦法掌握當前問題的細節，現在要求他更頻繁表達意見，他也不拿出什麼更好的見地，反倒只會更不知所措、更提不起興趣、更想隨波逐流。

另一個學派自稱革命派，將民主幻滅歸咎於資本主義制度。他們主張財產即權力，而且除非經濟權力像投票權一樣廣泛分配，否則選舉權無法充分發揮效用。我想認真的學生都不會質疑社會主義的前提，即主張個人的社會影響力更多取決於擁有的財產，而非抽象的法律公民身分。然而，社會主義的兩個結論，一是將大型公用事業的所有權集中在國家手中，便能實現經濟權力的分配，二是讓投票及複決擴展到工業生活的方方面面，便能產生恰當的人民決策，這些結論在我看來也是在迴避問題。有什麼好理由能認為，把更多事情交由投票這個方法來處理，就能顯現迄今為止在社會大眾身上從未發現的智慧、專業能力，以及對公共事務的濃厚興趣？社會主義提出的方案，在根本上存在民主的

奇妙謬誤,即所有人民都是稱職的;在結論上則犯了類似順勢療法[9]的謬誤,即在人民既不願意也不能承擔的重擔上再添加新的任務,反而能讓這份重擔更容易承擔。社會主義理論預設了無盡循環的公民責任,並要求人民義無反顧地投入其中,結果把原本就盤根錯節的政治利益變得更加複雜。

以上探討了各式各樣的解決方法,包括優生學、教育、倫理、民粹主義、社會主義等。這些方法無不假設選民要麼天生具備稱職的能力來主導事務的發展,要麼正在朝這樣的理想邁進。我認為這樣的理想是虛妄的,不是說不令人嚮往,而是可望而不可即,這跟一個胖子設法成為芭蕾舞者一樣不切實際。理想應該反映主體真正的可能性,否則就是扭曲了這份可能。依我所見,無所不能的主權公民就是這樣一個虛妄的理想,遙不可及。追求它等於讓人誤入歧途,更因為實現不了因此產生了當前的這股幻滅感。

個人不會對大大小小的公共事務都有意見,也不曉得如何主導公共事務。他不知道當前發生的事,不知道發生的原因,更

---

9 譯注:順勢療法的概念是,若某物質會引起某疾病,該物質就能用來治療該疾病。

不知道接下來又應該如何發展。我無法想像他怎麼有辦法知道這些,也沒有任何理由像想法奇妙的民主主義者那樣,認為將黎民百姓中的每一個個體的無知集結起來,就可以在公共事務上產生連續不斷的主導力量。

第三章
代理人與旁觀者

1

當一位公民有資格投票,理論上便成為統治者之一,與他人共同運作一部不斷運轉的龐大機器。這部複雜的機器包含50萬名聯邦官員和數不清的地方辦公室,但機器並不是由他跟這些官員和辦公室攜手打造出來的。他對這部機器瞭解不多,並受到契約、債務、條約和法律約束,而早在他意識到之前這些約束就已經制定完成。他不會天天決定誰應該在政府事務中做什麼,只會斷斷續續注意到其中的一小部分。在那些偶發的時刻,當他站在投票所時,他的確能成為一名聰明且具有公共精神的選民,能夠辨識出兩個真正有意義的選擇,並發揮自身影響力投票給其中一個政黨,而這個政黨所給予的承諾是他能理解的。

現實中的治理是由不計其數的協商構成，由特定人物針對具體問題協商，但這個過程極少為社會大眾所知。兩次選舉之間的漫長間隔期，政府由政治人物、公務員和有影響力的人物維持運作，在此期間他們達成各式各樣的協議。大眾只是偶爾瞭解、評斷和左右這些協議。協議的總數過於龐大、內容過於複雜、影響過於隱晦，無法成為輿論持續關注的焦點話題。

從任何確切和嚴格意義上來說，那些執行政府日常事務的人在事後也不對廣大選民負責。除非是備受關注的議題，不然他們只對與特定行為有直接利害關係的政治人物、公務員和有影響力的人物負責。沒有人看得清現代社會的全貌，也無法時時刻刻掌握整體脈動。每個群體都只能看見其他群體的一部分，並且只能理解特定範圍內的行為。

即使是這種局部的了解，也只有能大範圍、深入研究複雜資訊的事實調查機構才做得到[1]。但是，這些機構對一般大眾的幫助微乎其微，也不太重要。機構的調查結果對普通讀者而言過於複雜難懂，十之八九還很枯燥乏味。事實上，要不是政府部門、企

---

1 參見本書作者的另一本著作《公眾輿論》(*Public Opinion*) 第25章與第26章。

第三章　代理人與旁觀者

業、工會和公會迫於內部管理需要,以及受到其他企業集團的壓迫,這些透過組織資訊來管理現代社會大小事的機構,也不會主動記錄、評估、公開所作所為,並對這些行為負起責任。畢竟民眾對專家和統計測量數都十分厭倦且不屑一顧,主動做這些事也可能被完全忽略。

無庸置疑的,龐大社會(Great Society)[2]需要的不只是公開資訊,而是讓資訊持續公開。但如果我們以為向社會大眾發布資訊的目的,是真的要讓每一位選民都接收到資訊,那就是大大誤解這份需求。畢竟,這是個公共會計服務才剛起步的年代[3]。然而,這些會計資料遠遠超出我們的好奇範圍。舉例來說,假如有間鐵路公司進行會計處理,我們會去讀這些結果嗎?十之八九不會。只有幾位散布在各地的高階主管,以及一些銀行家、監管官員、貨運業代表之類的人才會想去了解,其他人會選擇忽視,並且會給出合理且充分的理由——因為我們有別的事要做。

沒有人能讀完散落在家門口的每一篇報告或報紙上的每一則

2　譯注:根據第十五章的描述,此指社會各層面相互依賴且錯綜複雜的龐大社會網絡。
3　譯注:這裡的公共會計指的是確保政府財務資訊透明,以及資金使用符合公眾利益。

快訊，世界上不存在這樣的人。倘若無線電技術經由某種發展，讓每個人都能看到或聽到世界各地正在發生的所有事，換句話說，如果資訊毫無保留完全公開，民眾能夠花多少時間，或者願意花多少功夫，關注償債基金委員會（Sinking Fund Commission）和地質調查所（Geological Survey）？他們大概會收聽或收看有關威爾斯親王（Prince of Wales）[4]的消息，或者因為心生絕望而關掉收音機，圖個清淨。當前的狀況已經夠糟了，早報拖到晚上才出刊，晚報在早上出刊，10月的雜誌在9月發行，還有電影和廣播，人人被迫生活在五花八門的資訊之下，任由資訊轟炸，腦袋瓜裝滿演講、論戰和無關事件帶來的喧囂吵鬧。用來引導公眾意見的一般資訊實在太籠統，不符合知識分子的標準。人生稍縱即逝，無法追求無所不知，不該揣著緊張、興奮的心情，妄想數遍天底下每一棵樹上的每一片葉子。

4　譯注：英國王位第一順位繼承人使用的頭銜。

第三章　代理人與旁觀者

2

　　如果人們必須時刻構想治理的所有過程，維持世界運轉的工作顯然會永遠停擺。大家根本不把社會視為一體。農夫決定的是要種小麥還是玉米；技師決定的是要接受賓州還是伊利工廠的工作，或者決定要買福特汽車還是鋼琴，如果要買福特汽車，要去榆樹街（Elm Street，美國常見的街名）的車行買還是找寄廣告單給他的經銷商買。在做這些決定的時候，擺在他面前的選擇相當有限。他的選項有限，不可能是全世界的所有工作，就像他考慮的結婚對象不可能是全世界的所有女人一樣。這些具體的選擇一個一個累積起來，就是在治理社會。他做出的這些選擇，可能是基於無知或有見識的觀點，但不論是在無意間，抑或依據科學教育的所學所聞得出，這些選擇充其量只是在幾個實際可選的選項中，所挑出的具體特定的選項，且能帶來明確可見的結果。

　　儘管如此，人們還是被寄望應該對社會的整體運作持有公眾意見。技師不僅要選擇在賓州還是伊利工作，還要從國家利益出發，決定全國所有鐵路該如何管制。這兩種意見會在不知不覺間相互影響。個人的普遍看法會影響其決定，而個人經驗又會影響

其普遍看法,但能辨識到底是具體而直接的意見還是普遍而間接的意見其實對理解決策過程是有實質幫助的。

具體意見產生立即的執行行為(executive acts),例如接受一份工作、從事一項特定任務、聘僱或解僱、購買或販賣、離開或留下、接受或拒絕、命令或服從。普遍、一般性的意見產生委任、間接、象徵性且無形的結果,例如投票行為、達成決議、鼓掌支持、批評討伐、讚揚或唾棄、群眾關注度增加、發行量增加、滿意或不滿。具體意見可能會使個人決定在權限範圍內直接採取行動,也就是在法律和習俗的限制範圍內,行使個人權力及實現個人願望。相較之下,普遍意見僅能產生某種表達行為,比如投票。除非與眾多其他人的普遍看法形成公眾意見,否則不會產生執行行為。

可以確定的是,眾人的普遍意見很可能是含糊不清的大雜燴,因此必須將這些意見拆解、引導、壓縮和統一,才能採取行動。從眾多一般性的願望中製造出單一的普遍意志,並不像許多社會哲學家以為的是一門跟黑格爾(Georg Wilhelm Friedrich Hegel)哲學一樣深奧的學問,反倒是領導者、政治人物和指導委員

會都熟諳的技藝（art）[5]。這門技藝基本上就是在運用符號，方法是先把感受和想法分離，再用符號凝聚情感。感受遠遠沒有想法具體，可是感受更具感染力，能讓領導者從眾多異質願望中製造出單一同質意志。因此可以說，讓普遍意見合流的過程就是強化感受和弱化意義。在諸多普遍意見轉化為行動之前，可選擇的範圍就先被縮小到幾個選項，而獲選的選項並非由社會大眾落實，而是由那些掌控選項動能的個人執行。

個人的私見（private opinion）可能頗為複雜，還可能產生一連串附帶意見，引發頗為複雜的行動，好比一個人決定蓋一棟房子後，對該怎麼蓋下了100種判斷。但公眾意見沒有這種立即責任或連續結果。它在政治上不過是拿鉛筆在一張紙上做記號，然後等待一段時間，邊等邊觀察一、兩年後要在同一欄還是隔壁欄做記號。決定在某一欄做記號的理由也許有 $a^1, a^2, a^3 \ldots\ldots a^n$，但不管是笨蛋還是天才投票，結果都是A。

原因在於，雖然廣大群眾各自的觀點可能有些許不同，但集體行動時，一定會趨向同一個結果。集體的組成越複雜，統一出

---

[5] 參見本書作者的另一本著作《公眾輿論》（*Public Opinion*）第13章與第14章。

的意見就越模糊，形成的共識也越簡單。

3

英語系國家在上個世紀非常強調個人行動與整體行動之間的對比，但兩者的差異卻被大大誤解。舉例來說，英國政治家和歷史學家麥考利（Thomas Babington Macaulay）談到《1832年改革法案》（Reform Bill of 1832）[6]時，以傳統角度區分了私營事業與公共行動：

> 「所有仰賴個人智力、知識、勤勞和精力的事，英國在古今世界各國都有出類拔萃的表現。可是在由國家主導的事情上，我們沒有這樣誇口的本事⋯⋯在我國工廠，每一道流程都做得很漂亮、完整、快速、精確，相比之下，懲罰犯罪和維護權利的機構卻表現得很笨拙、粗劣、遲鈍、模稜兩可，還能有比這更強烈的對比

---

[6] 譯注：這項法案放寬選民資格，讓更多中產階級有權參與英國下議院選舉。

嗎？……毫無疑問，我們看到13世紀的野蠻與19世紀的最高文明並存於同一個社會。我們看到，野蠻的是政府，文明的是人民。」[7]

當然，麥考利思考的是在維多利亞女王（Queen Victoria）的伯父們[8]以及嗜酒嗜馭的鄉紳階級的統治之下，比較英國的工廠生產和政府治理的狀況。但普魯士的官僚體制充分證明，政府和私人行動之間未必存在這樣的對比。比較得出差異的，是由廣大民眾直接或間接參與的行動，以及完全沒有民眾參與的行動。

最根本的對比，不是公營事業和私營事業，也不是群眾心理和個人心理，而是從事具體工作的人和試圖掌控全局的人。人們以其執行能力從事無數具體行為來維持世界運轉，包括犁地、種植、收割，建造和拆毀，把這個組裝到那個，從這裡移動到那裡，把A變成B，把B從X移動到Y。這些具體工作的個人關係，是由一個極其複雜的機制平衡，這個機制由交換、契約、習俗和

---

7 摘自1923年7月12日倫敦《泰晤士報》（the Times）上，《1832年改革法案演說》。
8 譯注：維多利亞女王於1837年即位，此指先前在位的威廉四世（William IV）和喬治四世（George IV）。

默示允諾構成。執行工作的時候，人們必須透過學習來瞭解這些職責的執行流程和實質內容，才有辦法完成工作。然而，如果以投票或表達意見的方式控制他人的工作，能做的只有獎勵或懲罰結果，接受或拒絕呈現在面前的選擇。可以對已完成的事表達同意或反對，對提案表達贊成與否，但不能提出、管理和實際執行心中所想的行為。個人透過發表公眾意見，也許偶爾可以給他人的行為一個框架，但這些意見無法將行為落實。

4

在政府執行行為的範圍內，我們每個人作為公眾的一分子，永遠置身在外。公眾意見的本質，永遠是試圖從外部控制他人的行動。如果我們能掌握這個結論的完整意義，我想我們就找到了一種方法，以正確的視角確定公眾意見扮演的角色。我們將會知道如何解釋民主的幻滅，並逐漸看見公眾意見在理想中的大致模樣，這個理想與民主信條認定的不同，是有可能可以成真的理想。

第四章
公眾能做什麼

1

我並不是說,除了本書所要揭示,務實的公眾意見理想之外,就沒有其他可行的理想。也許有人會想藉由令人神往的幻想來豐富人們的思想,或透過精神力量讓大自然和社會更生氣蓬勃,或在天空造出奧林帕斯山,在世界盡頭建立亞特蘭提斯。然後,也許有人會主張,只要這些想法夠好或能帶來和平,它最終如何或者是否在管理公共事務上實現就不重要了。

烏托邦(Utopia)和涅槃(Nirvana)本身的存在就具有充足的理由。也許沉思默想這兩個境界,就足以讓人放棄控制事件發展,因為再怎麼設法掌控都是徒勞。但是,放棄是一種奢望,不是誰都能輕言放棄。無法放棄的人會想辦法控制他人的行為,就

算不是積極的透過法律，至少也會以口舌說服。我在此定義，當人們以這樣的立場看待事件，他們就是公眾（public），而他們對他人應該如何行事的意見就是公眾意見（public opinions）。越是清楚瞭解公眾做得到和做不到的事，公眾就越能有效做好力所能及的事，也越不會干預人們的自由。

公眾意見扮演的角色猶如旁觀者，它位處於問題的外部。意見可以影響另一個意見，但意見本身不能控制執行行為。表達公眾意見的方法包括投票、舉行支持或抗議遊行、參與聲援或抵制活動。不過像這樣抒發己見本身並沒有意義，唯有影響事務發展時才有意義，而要達成這點，就必須左右置身其中的行動者（actor）。我相信，正是透過分析公眾意見與公共事務之間這種次要、間接的關係，我們才能找到釐清公眾意見局限性和可能性的線索。

2

也許有人會馬上反駁說，選舉讓一組人馬下臺，換另一組上臺，所以藉由選舉表達公眾意見既非次要也非間接。但選舉究竟是什麼？雖然我們稱之為表達人民意志，但真是如此嗎？我們走進投票所，在一張紙上二選一，或從三或四個名字選一個打叉

（美國習慣在選項框格中打叉）。我們這樣算對美國公共政策表達己見了嗎？合理推測，我們對這件和那件事有不少想法，有許多但是、如果、或者的考量。光在紙上打叉當然傳達不了這些，要花上幾個小時才說得完。把投票稱為表達己見不過是空談。

投票是一種願意予以支持的承諾，等於在說我跟這些人站在同一邊；我加入他們的隊伍；我將擁護；我將相信；我將抵制；我將抗議；我拍手贊成；我出言奚落；我把能出的力量發揮在這裡而非那裡。

公眾無法決定候選人、撰寫政綱、規劃政策大綱，就像公眾無法製造汽車或登臺演戲一樣。公眾可以支持或反對出來參選、給予承諾、製作戲劇、銷售汽車的人。一個群體的集體行動，乃動員其所擁有的力量。

歷史上曾有人試圖賦予多數決某種內在的道德和理智德性。19世紀時普遍流傳這樣的說法，當人們集結成多數群體，便能展現高深的智慧，這就是上帝的聲音。這種美化之詞，有時是出自真心相信多數決的神秘力量，有時是自欺欺人，一味把權力理想化。實際上，這無非是將賦予君王的神性，轉移給新的主權者。然而，由任意群體中51%的人定義德性和智慧，這種主張本身怎

麼看怎麼荒謬。人們正是在實務中意識到它的荒謬，才制定出一整套保護少數群體的民權法律，以及各種精心設計的補貼方案，讓藝術和科學等人類志趣可以獨立於多數決的運作之外。

多數決在政治上的正當性並非基於倫理優勢，而是基於在文明社會中，不得不為占有數量優勢的力量找到一席之地。我把投票稱為一種入伍行為、一種表達支持或反對的結盟、一種動員。這些說法都含有軍事隱喻，在我看來這樣的比喻一點也沒錯，因為以多數決原則為基礎的選舉，不管從歷史還是實務的角度來看，都是一場經過昇華（sublimated）和變質（denatured）的內戰，一場沒有肢體暴力的紙上動員。

憲政民主主義者在某些情況下並沒有將多數群體原則過於理想化，而是承認選票就是文明版的子彈。英國劇作家和思想家蕭伯納（Bernard Shaw）說：「法國大革命推翻了一批統治者，換成另一批利益和觀點有別於前的人馬。只要英國人民願意，他們在每 7 年一次的大選中就可以這麼做。因此，革命在英國是一種國家制度，英國人鼓吹革命用不著提出理由。」[1] 當然，兵戎相見

1　《革命家手冊》（*The Revolutionist's Handbook*）序言第 179 頁。

第四章　公眾能做什麼

和選舉投票有天壤之別,不過只要認清投票是武力的替代手段,就可以更瞭解投票的本質。美國銀行家和政治人物德懷特・莫羅(Dwight Morrow)為美國政治經濟學教授莫爾斯(Anson Daniel Morse)的著作撰寫序言,他在序中寫道:「在17、18世紀,英國形成一種政治程序,該程序讓政黨政治在很大程度上取代了革命,並從英國逐漸傳遍世上幾乎所有文明政府。」[2]德國軍事史學家漢斯・德爾布呂克(Hans Delbrück)則直言,多數決原則是「徹頭徹尾講求實用的原則。如果想避免內戰,就要讓那些在衝突中無論如何本來就會占上風的人來統治,而這些人就是數量占優勢的一方。」[3]

雖然選舉本質上是戰爭,只是經過昇華,但我們千萬不可忽視昇華的重要性。有些迂腐的理論家認為,選舉應該反映社會上的武力如何結盟,因此一心想剝奪所有無法從軍者的選舉權,還譴責賦予婦女選舉權扭曲選舉價值。這類論述大可忽略。原因在於,儘管選舉制度在其歷史淵源上代表武力的結盟,可如今已演

2　《政黨與政黨領袖》(*The Revolutionist's Handbook*)第16頁。
3　漢斯・德爾布呂克(H Delbrück)著作《政府與人民意志》(*Government and the Will of the People*)第15頁。譯者羅伊・麥克威爾(Roy S. MacElwee)。

變為各種力量的集合。在民主先進的國家，選舉已然喪失最初與軍事作戰這個概念的大部分關聯，但仍然無法抹滅選舉是一種結盟的事實。而在美國南方，這種關聯依然存在，那裡的黑人在武力壓迫下遭剝奪選舉權，不被允許在選舉中發揮影響力（在美國內戰結束的重建時期，雖然憲法已經保障公民平等的選舉權，但南方各州仍利用各種法律和手段，繼續打壓黑人）。這樣的關聯也顯現在政局不穩定的拉丁美洲，該地區的共和國舉行的每一場選舉，在某種程度上仍然可以視為武裝革命。美國實際上已正式承認這一事實，表明中美洲以選舉取代革命是考驗這些國家的政治進步程度。

我無意再針對這個論證贅述一二，只要足以建立以下理論即可：公眾的角色並非表達意見，而是透過結盟來支持或反對某項提議。如果我們認同這個理論，接下來就必須拋棄民主治理是人民意志直接表達的觀念，必須拋棄人民作主的觀念。相反的，我們要採納的理論是，人民只是偶爾透過動員形成多數，一同支持或反對實際治理國家的人物。我們必須承認，人民意志並非時時刻刻主導公共事務，而是偶爾介入。

第五章
制衡專斷力量

1

如果這就是公眾行動的本質,那麼設立怎樣的理想才能切合這一本質呢?

依我所見,我們必須以最務實的方式闡明這個理想,而不是把它描繪成只有優秀群體才可能偶爾或在遙遠的未來實現的大業。這個理想應當在一般情況下可以傳授於民並實現。合理的政治理論在評估公眾所能承擔的責任時,必須低估公眾實際行動的可能性,用工程學的概念來說,就是要堅持設定最高安全係數(factor of safety)[1]。

---

1 譯注:指結構的極限荷重與實際荷重之比值,係數越高越安全。

根據我們在上一章得出的結論，公眾的行動主要局限在偶爾介入公共事務，方法是由在公眾之中占優勢地位的群體，將所能發揮的力量結合起來介入其中。從這一點出發，我們必須假設，公眾成員對事件的認識與局內人有落差，雙方持有的觀點也不同。因此公眾無法解釋意圖或評估確切情況，也無法深入瞭解行動者的所思所想或爭論的細節，只能留心注意一些粗略的線索，再由這些線索決定應該支持哪一方。

我們必須假設，在問題帶來的危機浮上檯面之前，公眾不會早早就預見問題，也不會在危機過去之後長期關注。他們不會知道先前的脈絡，不會關注問題的後續發展，不會細想應對方案，不會有意推動方案，也不會有能力預測依方案行動後的結果。我們必須把接下來這個假設，視為民治政府（popular government）的理論前提，即人們身為公眾成員通常不會掌握通盤資訊，不會持續關注公共事務，不會立場中立，不會具有創造力或執行力。我們必須假設公眾即便有興趣也不擅長深入探究，且興趣時有時無。公眾只分辨得出顯而易見的差異，對事情反應遲鈍，一旦激起關注，注意力又快速轉移。由於公眾的行動方式是彼此結盟，

因此會以主觀角度而非就事論事的方式看待所有事情,而且只有在事件被大肆渲染成對立衝突時才開始關注。

公眾會在第三幕演出到一半的時候抵達,在落幕之前離場,停留的時間也許只夠判斷誰是好人,誰是壞人。然而在一般情況下,這種判斷必然無法依據事件的本質,而僅能擷取片段行為,以一孔之見觀整體局勢,拿非常薄弱的外部證據來下判斷。

由此可見我們不能把公眾意見視為維持現狀或革故鼎新的力量,認為這股力量可以引導社會走向構想明確的目標,比如特意導向或遠離社會主義,抑或朝民族主義、帝國主義、國際聯盟等政治信念的目標發展。人們的目標並不一致,而正是這種不一致引發各種問題,激起公眾關注。所以如果有人主張,就算人們明擺著抱持互相衝突的目的,人類全體還是懷抱某種萬眾一心的共同目的,而你我恰巧是這個目的的授權代言人,這種論點不過是空談罷了。倘若我們得出的結論是公眾在某種深層意義上擁有救世主的力量,我們只是在同個圈子打轉而已。

2

　　即便缺乏公眾意見的刻意引導，維持世界運轉的工作依舊不斷進行。問題會在某些關頭浮現，但公眾意見不會關心所有問題，只會聚焦在其中一些問題引發的危機，而處理危機的目標在於協助緩解局勢。

　　我認為這個結論是必然的。也許我們更想相信，社會大眾行動的目標應當是伸張正義，或是促進真善美，但在赤裸裸的現實面前，這樣的信念站不住腳。面對大多數的危機，公眾不曉得什麼才是真相或正義，也無法就何謂美與善達成共識。公眾通常也不會因為惡的存在而鼓譟起來，只有在惡打破了習以為常的生活，變得難以忽視的時候，公眾才會群情激憤。到頭來，問題不再受到關注不是因為所謂的正義得到伸張，而是因為已經制定了可行的調整方案來克服危機。假如公共意見不必然是以前述方式運作，假如公眾不管碰到什麼議題都必須長期認真投入其中，為了伸張正義而致力於各種運動，公眾就不得不把時間統統耗費在處理大大小小的事情上。這不僅不可能，還會適得其反。因為如

第五章 制衡專斷力量

果正義和真善美都倚賴公眾意見斷斷續續的拙劣介入，它們在這世界上就沒什麼希望可言了。

鑒於以上原因，本書卸下公眾意見的四項默示責任，包括處理問題的實質內容、做出專業決策、戮力伸張正義以及施加道德戒律。取而代之的，我們認為公共意見的理想，是在危機產生時讓人們結盟，支持那些可能有辦法解決這些危機的人物，由他們來行動。努力透過教育來提升公眾意見的品質，這個做法的最終目標是培養公眾具備辨識出這些人的能力。促進公眾行動的研究，則旨在找出可以辨識這些人的明確線索。

當線索經由粗略、簡單且客觀的測試，能夠揭示爭論中哪一方擁護的社會規則是可行的、哪一方正在攻擊不可行的規則，或者哪一方提出了有希望的新規則，就是切中要點的線索。依循這些線索，公眾也許就能知道自己要和哪一方結盟。別忘了，在這種結盟中，公眾不會判斷各方的是非曲直。它僅僅是根據客觀線索，將自己的力量交給其中一方，這一方看起來是支持可以造福社會大眾的調整方案，而且方案是按照明確的行為規則所制定。同時，它也會反對其他方，理由是反對對象看起來僅憑獨斷意志主張特定解決方案。

在本書的理論中，公眾意見是在公共事務出現危機時，投入行動的後備力量。雖然它本身屬非理性力量，但在良好的制度、明智的領導以及適當的訓練下，這股力量也許能為那些支持可行法律的人所用，而不是被高舉蠻橫主張的有心人士操弄。本理論認為，公眾意見不負責制定法律，但藉由遏阻目無法紀的勢力，便能創造有助法律制定的條件。它也不負責推理、調查、構思、說服、協商或解決問題，但可以透過牽制強橫的一方，讓理性智慧自由運作。在最理想的情況下，公眾意見會捍衛預備按理性行事的人，使其免受僅憑一己意志恣意妄為的勢力阻撓。

請注意，公眾意見即便在最佳情況下，也不會持續奮力為理性發聲。無論權力多麼絕對和不負責任，只要統治沒有引發危機，公眾意見就不會挑戰它。必須有人率先挑戰專斷權力，而公眾只能助其一臂之力。

3

我認為以上就是公眾意見有效作為的極限。面對問題的實質內容，它通常無能為力，只會無知或專橫地干預，因此沒有必

要多管閒事。直接參與公共事務的人,才必須處理問題的實質內容,而非直接參與的人,只能讚揚或譴責,在白紙上打上黑叉。不過這樣就夠了,只要在他們的助力之下,其他人的理性能彰顯出來,他們便已盡其所能。

倘若公眾意見試圖直接治理,換來的結果不是失敗就是暴政。它無法理智掌握問題,也無法妥善處理,唯一的應對之策不過是以廣泛而不精確的方式發揮影響。民主理論沒有認清這個道理,把政府運作與人民意志畫上等號。這是杜撰出來的虛言。從編纂法律到由數十萬名公務員執法,這些複雜精細的工作絕對不是由選民親自參與,也不是選民意志轉化出來的結果。

然而,儘管政府行為並非公眾意見的轉化,其主要職能仍然與公眾意見相關。政府負責以更具體、更細緻入微、更持續不斷的方式,執行那些公眾意見僅以粗略、廣而不精且斷斷續續的方式做到的事情。政府實施某些維持社會運行的法規,提供解釋,調查並懲罰特定侵害行為,同時主導新法規的制定。政府擁有組織化的力量,可以用來對抗不遵守規矩的勢力。

但是政府也面臨跟公眾意見一樣的腐敗問題。當政府企圖強行推動官員的意志,而不是居中協調直接利害關係人並促成各方

共識,達成穩定的協調方案,政府就會變得笨拙、愚蠢、傲慢跋扈,甚至掠奪成性。雖然官員因其職位而比讀報紙的百姓還更瞭解問題,也更能夠採取行動,可是歸根結柢,他仍然置身在他所介入的實際問題之外。身在局外,他的觀點就是間接的,因此最恰當的作為應僅限於間接協助對問題負直接責任的人。

綜上所述,與其將政府描述為人民意志的展現,不如說是由一群民選或任命的官員組成的機構,這些人秉持專業,優先處理那些偶爾才進入公眾視野、因訴求而引發公眾議論的問題。如果直接責任方協商不出方案,官員就會介入。當後者的介入未能奏效,就輪到公眾意見出面。

4

經過一番探究,以下是本書建議的理想公眾行動。在任何問題上恰巧組成公眾的人們,僅應朝一個方向努力,打造各方力量相互平衡的環境,形塑能夠直接透過協商達成各方同意之協議的局面。維持世界運作的重擔,構思、創造、執行的負擔,努力彰顯正義、制定法律與道德準則的重任,處理專業問題和實質內容

的擔子,不是由公眾意見承擔,也不是由政府一肩扛起,而是由對該事務直接負責的代理人擔負。出現問題的時候,理想情況是由涉及具體利害關係的各方互相協議。唯獨他們才知道真正的問題所在。長遠來看,不管是官員還是在火車上讀頭條新聞的通勤乘客,他們的決定往往都不如由利害關係人彼此協議來得好。無論是道德準則還是政治理論,通常都無法長期依賴從高處俯瞰問題的公眾意見強行推進,因為這會造成這些準則或理論難以切合問題的具體情況。相較之下,在遏制專斷權力後,當事各方透過直接協商達成協議時,更能妥善解決實際的問題。

公眾意見主要是在危機中制衡各方力量,促使各方展開協商,如此一來人們便能彼此容讓,和平共處。

第2部

真正的公眾不會為任何事長期動員，動員一旦解除，被錯捧的利益團體將發現自己無法掌控先前獲得的特權。這就好比有一個人在6名警察的合力之下，被擱在拳王傑克·登普西（Jack Dempsey）的胸膛上，後來警察回家吃晚餐，把人獨自留在原地面對拳王。

THE
PHANTOM
PUBLIC

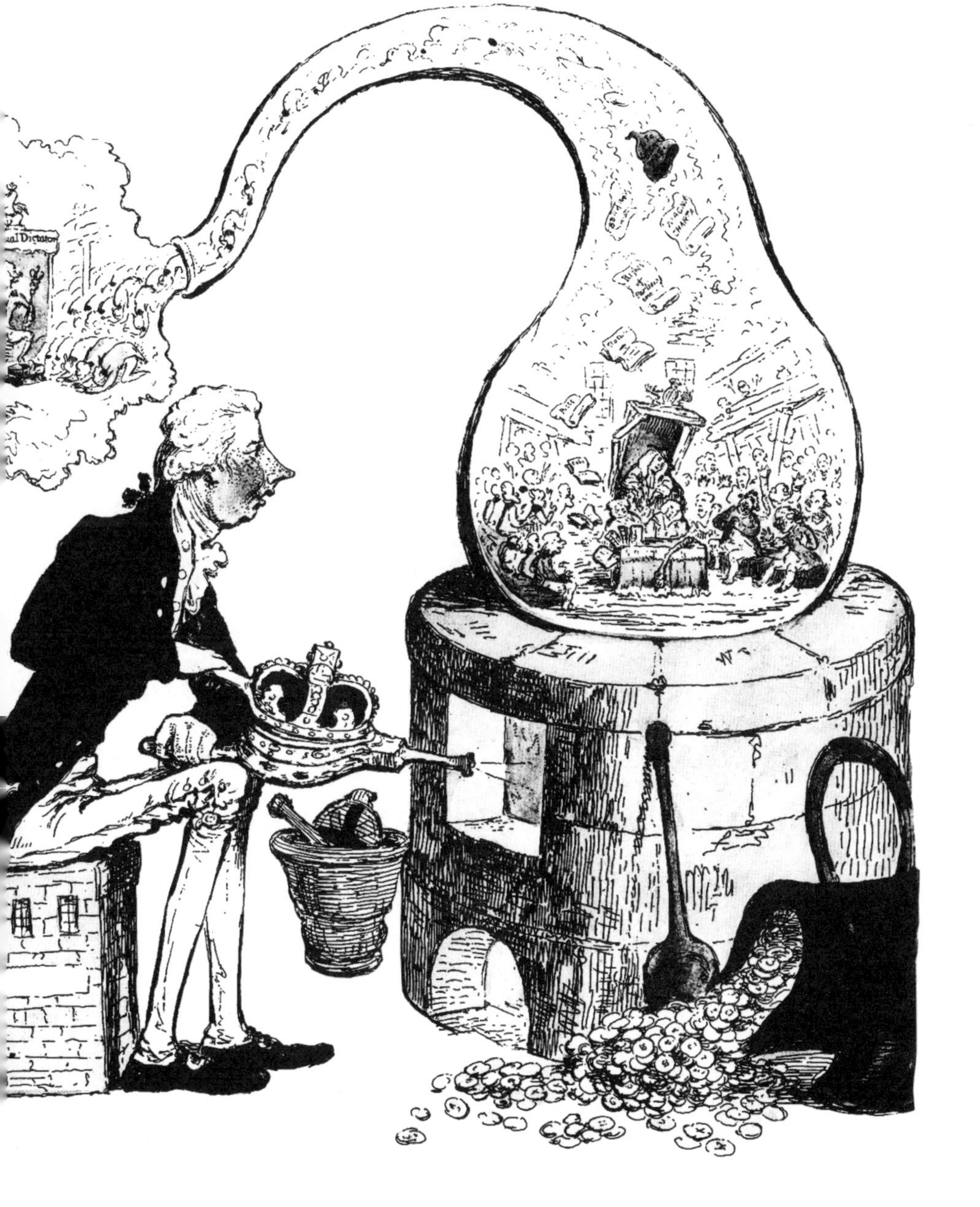

第六章
亞里斯多德的提問

1

　　這些結論與廣為接受的民治政府理論大相逕庭。民治政府理論的基礎是相信有一群公眾能主導事件的發展。我認為這群公眾不過是幻影，純屬抽象概念。關注鐵路罷工的公眾可能是有鐵路運輸需求的農民；關注農業關稅的公眾可能包括正在參與罷工的鐵路公司員工。在我看來，公眾並不是一個固定群體，僅僅是一群對某項事務有興趣，並透過支持或反對行動者的方式來發揮影響力的個體。

　　我們不能指望這一群隨機組成的公眾會深入瞭解爭論的是非曲直，他們能做的就是帶著合理的自信，支持其中一方，相信這份支持的力量會促成正面影響，但前提是要有容易辨識又切中問

第六章　亞里斯多德的提問

題的線索，供他們循線找出支持對象。這種線索存在嗎？我們找得到嗎？我們可以有系統地闡述它們，好讓人們學習和運用嗎？本書第二部的篇章將嘗試回答這些問題。

線索必須能輕易地被辨識，即使對問題的實質內容沒有任何深切瞭解也能獲得。但是，線索一定要與問題的解決之道有關。線索必須告訴公眾成員，與哪一方結盟才是最佳選擇，以利推動問題的解決方案。總而言之，線索必須供不知情的人使用，成為他們採取合理行為的指南。

社會環境錯綜複雜，而人的政治能力很平庸，兩者之間有辦法搭起一座橋梁嗎？古希臘哲學家亞里斯多德（Aristotle）在其影響深遠的《政治學》（Politics）第七卷中，率先闡明這個問題，從此這一大哉問就困擾著政治學界。亞里斯多德的回答是，社群必須保持規模小而簡單，以便與公民的能力相匹配。然而，如今我們生活在龐大社會之中，無法依循他的建議。傳統民主主義者對同個問題的回答，則是假設公眾意見具有無窮的政治能力。回顧過去一百年的經驗，我們不得不否定這個假設。照這樣看下來，這個古老的問題仍未獲得解答。我們不能像亞里斯多德那樣排斥龐大社會的存在，也不能像民主主義者那樣誇大公民的政治能

力。迫於現實我們只得問，人們是否有可能找到一種方法，藉由非常簡單的方式有效應對極其複雜的事務。

我大膽認為，這問題是可以解決的。我們可以清楚解釋一些原則，讓社會的複雜環境和人們的平庸能力成功銜接。我在本書闡述的觀點，明顯不是這些原則的最終定論，充其量只是附加若干說明的思路，未來的研究可以進一步探討。雖說我已經盡可能語帶保留，壓低對本書觀點的確信程度，但考量到這是長久以來懸而未決的難題，這份信心在我看來仍屬輕率，因此我跟隨法國哲學家笛卡兒（René Descartes）的腳步，補充一句：「到頭來，我可能是錯的。我把這一點點銅和玻璃當成黃金和鑽石。」[1]

1　*Discourse on Method*, Part I.

第七章
問題的本質

1

秉持幾分笛卡兒的精神,我們從這個假設出發:你的所有經驗都限縮在對世界的一瞥。我認為在你眼中沒有優劣之分,沒有好人與壞人,沒有愛國者與投機客,沒有保守派與激進派。你是不折不扣的中立之人。單憑瞥一眼世界所留下的印象,你絕對想不到山峰比浪尖存在更久,人會移動而樹不會,或者演說者的咆哮聲比尼加拉瀑布瀉落的轟鳴巨響更快消失。

把時間拉長,讓經驗延伸,你會開始察覺事物在恆常性上的差異。你會知道有白天和黑夜,但不會知道有冬天和夏天;你會發現物體在空間移動,但幾乎不會注意到歲月的流逝。假如你以此構想出一套社會哲學理論,十之八九會得出以下結論:在你眼

中,人們當下所做的事,就是他們命中註定永遠要做下去的事,而他們的性格也會永遠固定在你看到他們的那天。按照這觀點寫出來的論述,在當代任何一本以國家、種族、階級或性別為題的論文集中,十之八九是會被視而不見。

把累積印象的時間拉得越長,你注意到的變化就越多,最後便會認同古希臘哲學家赫拉克利特(Heraclitus)所說的──萬物流轉。如果連星辰和岩石都被認為有其變化歷程,人類及其制度與習俗、習慣與理想、理論與政策,也只能看作是相對長久的存在。接著你會得出這樣的結論,第一眼稱之為恆常不變的存在,在延長觀察時間後,不過就是比其他存在變化得更慢一點而已。

當時間拉得夠長,而你有了充分的經驗,最後你一定會認定,影響人類生活的各種因素,包括人本身的性格,都在不斷變化,但變化的速度並不一致。萬物以不同的速度繁殖、成長、學習、老化、耗損和死亡。某個人、某個人的朋友、工具、身處的制度、信仰、需求、滿足需求的方式,都以不同的速度變動,維持的時間也各不相同。事情發生的時間不會和諧一致,有的進展迅速,有的落後不前,有的不停往前推進,有的則拖拖拉拉,處理的優先順序必須隨時調整。

第七章　問題的本質

19世紀的人深信演化和進步是單一的宏大系統,但其實演化的系統似乎多到無以計數,還以各式各樣的方式互相影響。有些彼此相關,有些互相衝突,但在某些基本層面上,每個系統都以各自的速度和條件發展。

這種不一致的演化所帶來的不和諧,便是人類要面對的問題。

2

假設有個對19世紀歷史一無所知的人,讀了《美國統計摘要》(*Statistical Abstract of the United States*)[1]針對1800年到1918年製作的統計表,他會發現1918年的世界人口是1800年的2.5倍,貿易總額是42倍,航運噸位是7倍多,鐵路長度是3664倍,電報量是317倍,棉花產量是17倍,煤炭產量是113倍,生鐵產量是77倍。他絕對相信,在這個社會變化如此不一致的一百年間,人們必然面臨了革命性的社會問題。

---

1 譯注:創刊於1878年,已於2012年停刊。每年由美國政府發行,內容涵蓋美國社會、政治及經濟機構之統計資料。

單就這些數字來看,他難道不會推斷,當人口出現大規模遷徙時,職業種類、勞動性質、欲望、生活水準、抱負也會出現莫大變化?他難道不會推斷,1800年的政治系統必定已經隨這些新關係的產生,發生天翻地覆的變化?在1800年小型穩定、自給自足的社群所適用的習俗、禮儀與道德受到新的挑戰,可能已經被徹底改寫?當他想像這些統計表背後的現實,他難道不會推斷,人們在經歷這些冷冰冰的數字所概括的轉變時,內心必定也不斷與舊有的習慣和理想交戰?在養成新習慣和調適的過程中,必然是在反覆試錯中進行,雖然對物質進步抱持希望,但靈魂卻也飽受混亂與困惑?

3

若要以更具體的方式說明問題的本質,我們可以將人口問題簡化到最基本的元素來探討。英國人口學家馬爾薩斯(Thomas Malthus)率先提出這個問題,為了論證需要,他假設有兩種元素以不同速度演變:人口每25年成長一倍,同一時間土地生產力的

增加量則「等於當前的生產量」[2]。(即人口以等比級數成長,土地生產力以等差級數增加。)馬爾薩斯寫的是1800年前後的狀況,他預估當時英國人口為700萬,而糧食足以供給這個人口數。彼時,也就是1800年,人口問題不存在。到了1825年,根據他對人口成長速度的預估,人口將成長一倍,而糧食供給也增加一倍,因此不會有人口問題。然而到了1850年,人口將達到2800萬,但糧食的增加量只夠供給成長人口中的700萬人,於是出現了人口過剩或者也可以說是糧食短缺的問題。在1800年和1825年,每個人得到的糧食分量相等,可是在1850年,由於人口與糧食的增加速度不一致,每個人只得到3/4的糧食。馬爾薩斯視這種關係變化為問題所在,可謂真知灼見。

現在我們把馬爾薩斯的論點變得複雜一點,假設1850年的人學會調節食量,感覺吃3/4的糧食更健康,那麼當年就不會出現問題,因為糧食和人口這兩個變數在調整後達成平衡。或者假設一個相反的情況,在1800年後不久,人們要求更高的生活水準,期望有更多糧食,但這些必須額外供給的糧食卻生產不出來,問

---

[2] T. R. Malthus, *An Essay on the Principle of Population*, Chapter II.

題也就因這些新需求而產生。或者假設（其實實際情況就是如此[3]）糧食供給的增加速度比馬爾薩斯所假設的還快，而人口成長速度還是一樣，那麼人口問題就不會在馬爾薩斯預期的時間出現。或者再假設，人口成長因生育控制而減少，馬爾薩斯一開始點出的問題就不會發生[4]。或者在另一個假設中，食物供給的增加速度勝於人口食用的速度，那麼就不會發生人口問題，而會出現農業生產過剩。

在絕對靜態的社會，問題是不存在的。問題因變化而生，但不包括任何自給自足的元素所產生的變化。變化難以察覺，除非我們能夠以其它改變速度不同的元素作為參考點，才得以衡量出變化。如果宇宙萬物皆以每分鐘一英里的速度膨脹，抑或以同樣速度收縮，我們理應永遠不會察覺。只知道在上帝的眼中，我們可能這一秒小如蚊子，下一秒大如大象。然而，我們無從得知蚊子、大象、椅子和行星是否在比例上出現變化。唯有與其他事物比較，變化才得以凸顯。

3　A. M. Carr-Saunders, *The Population Problem*, p. 28.
4　馬爾薩斯在其著作的後續版本親口承認這一點。

第七章　問題的本質

什麼樣的變化會構成問題?兩個應變數(指會受其他變數影響的變數)之間的關係改變[5]。由此可知,汽車在城市裡成為問題,不是真的因為汽車太多,而是因為從街道寬度與合格駕駛數量來看,而顯得車子過多,換言之,是因為過窄的街道擠滿太多車,且駕駛開車過於魯莽,導致警察現階段的人力無法控管。由於汽車的製造速度比老舊城市街道的拓寬速度還快,有些人買車的速度比培養謹慎良好的行車素養的速度還快,加上車輛在城市聚集的速度比招募、培訓警察的速度來得快,也快過仰賴納稅人緩慢繳稅來支付警察薪水的速度,因此城市交通壅塞、臭氣熏天、車禍頻傳,汽車問題顯而易見。

這些害處看似是汽車帶來的,但錯不在汽車,而在汽車與城市之間的關係。乍聽下這很像在細枝末節上硬要區分出差異,可是如果我們不堅持區分這點,就永遠無法準確定義問題,也無法成功揭開問題的真面目,進而解決問題。

再打一個比方,國防問題絕對不能由倚賴主觀判斷的一般

5　相關論述散見 W. F. Ogburn, *Social Change*,尤其見 Part IV, I, on "The Hypothesis of Cultural Lag"。

參謀闡述。他們依循內在意識來評估必要軍力，但實際上評估的唯一方法是與潛在敵人互相比較。無論是和平還是戰爭時期，軍事問題始終在於各方軍力的比例。軍事力量純粹是一個相對的概念。英國海軍對上赤手空拳的西藏登山家，無異於手無縛雞之力的小孩。法國陸軍對上在太平洋航行的漁船，根本束手無策。軍力強弱必須根據目標對象來衡量，而老虎與鯊魚並不能比較。

即便各方可能爆發軍事衝突，只要軍力比例穩定且為各方接受，就是處在軍事和平的狀態。倘若各方互相角力，導致比例長期失衡，那就是吹響了戰爭的前奏。美國與加拿大邊境不存在軍事問題，不是因為雙方勢均力敵，而是因為我們沒有比較兩者（幸好如此）。它們是自變數，彼此不相干，其中一個發生變化也不影響另一個。目前美國的主力艦在大西洋和太平洋都沒有遇到海上的軍事問題，因為美國與唯二能與美國匹敵的海上強權，也就是英國和日本，已經協議出一個比例並簽訂條約[6]。但是其他所有不受比例限制的船舶類型，在兩大洋都存在海上的軍事問題。

---

6 儘管如此，從炮仰角（gun elevation）的爭論可知，在眾多可變因素下，維持軍力平衡是何等困難。（譯注：條約並未明確規定可否調整砲塔的俯仰角度。當時美國戰艦的炮仰角處於劣勢，因此主張可以提高角度，而角度處於優勢的英國則持反對立場。）

第七章　問題的本質

而且如果《華盛頓海軍條約》(Washington Naval Treaty)[7]失效，本來已經解決的問題就會再次浮現，因為三國海軍將會從同步發展，轉為各自以相對他國而言並不一致的速度擴展。

4

經濟活動領域是許多問題的根源。原因正如瑞典經濟學家卡塞爾（Gustav Cassel）所言[8]，經濟一詞的含義包括滿足人類欲望的方法，而這些方法「通常是有限的」。「文明世界人類的整體欲望」實際上是「無限的」，因此在經濟生活的各個層面，需要不斷「調整欲望和滿足欲望的方法之間的關係」。供需失衡是導致問題無止境產生的根本原因。

要特別注意的是，經濟學家在探究人類欲望和滿足方法的關係時，並沒有把各式各樣的關係調整都納入研究範圍。舉例來說，他們常忽略人類呼吸空氣的需求。空氣是無限的，人類不會

7　譯注：第一次世界大戰後，美、英、日、法、義於1922年在華盛頓簽署的條約。條約限制簽署國的海軍軍備競賽，例如限制主力艦總噸位和火炮口徑。
8　Gustav Cassel, *A Theory of Social Economy*, Chapter I.

求而不得，那些不需要的多餘空氣也絕對不會妨礙生活。但是，空氣也可能稀缺，比如在城市貧民區裡的擁擠老公寓區，空氣與人的關係就可能引發經濟問題。問題必須解決，解決方法也許是制定建築法規，規定每人每一立方英尺的空氣量。換句話說，經濟學家的研究範圍是人類欲望和滿足方法之間的不良調整，方法雖然可供使用，但數量有限。對經濟學家而言，在所有欲望都得到滿足的世界，不存在任何問題。在沒有人類欲望的世界，以及在即使有欲望，也能藉由自主改變意識狀態來獲得滿足的世界，問題也不存在。形成問題的要件，即是有至少兩個相互依賴但彼此分離的變數：欲望和滿足方法。這兩個變數必須有改變的傾向，先前的平衡才會被打亂。

卡塞爾認為，當經濟體系在欲望和滿足欲望的方法之間，能在一定程度上成功調整兩者的關係，便可以稱為健全的經濟體系。「這項任務可以透過三種不同方式達成，第一，消除比較不重要的欲望，從而限制欲望總量；第二，最大限度利用可用方法實現所述目的；第三，個體自己加倍努力。」[9]

9　Ibid., p. 7.

第七章　問題的本質

　　問題因供需失衡而生,故解決方法不是增加供給,就是限制需求。選擇哪一種方法取決於兩個因素,一是在具體情況下哪種方法可能可以採用,二是如果皆有可能,哪種方法更容易執行或更符合偏好。無論是哪種方法,都會產生我們認可的解決方案。調整兩個變數的時候,只要不讓任何一方的期望落空,就不會有問題產生,也感受不到任何問題存在。

第八章
社會契約

1

  我們無法想像宇宙萬物能和諧共存，每個個體都能與其他個體融洽相處。在西班牙裔美國哲學家桑塔亞那（George Santayana）所說的本質領域（realm of essences）[1]之外，我們所知或所能構想的和諧，僅限於偏向某一方做出的調整，即為了達成某個目的而犧牲所有與之衝突的目的。比方說，為了讓樹結果給人吃，我們不惜消滅吃果實的蟲子，這樣果實才會成熟，供我們享用。我們完全不顧無數飛蟲的死活，逕自給牠們製造不和諧的狀態。

  從永恆的尺度來看，地球上的和諧是以人類為準還是以蟲子為準，可能完全不重要。因為在這個尺度下，如果從宇宙整體的

---

[1] 譯注：參見著作《懷疑主義和動物信仰》（*Scepticism and Animal Faith*，暫譯，1923）和《本質領域》（*The Realm of Essence*，暫譯，1927）。

第八章　社會契約

視角出發,萬物皆無所謂的好壞或優劣之分。所有對於價值這個概念的觀點,皆是拿宇宙的某部分與另一部分互相衡量。但評估宇宙整體的價值,就好比測量宇宙的總重量,都是天方夜譚,因為所有評估價值和測量重量的尺度都容納在宇宙之中。要衡量宇宙整體,必須像上帝那樣置身於宇宙之外,而這樣的視角不是凡人的心智所能企及的。

很不幸地對飛蟲來說,我們必定是以人類的價值觀來衡量牠們。只要我們的力量還凌駕於飛蟲之上,牠們就必須服從我們試圖建立的和諧秩序。我們當然可以秉持公平精神,承認牠們在理論上有權建立自己的和諧秩序對抗我們,前提是要有能力做到。飛蟲想要的話,也有權稱自己那套秩序更好,但終歸對我們來說,只有對人類有益的才叫好。宇宙由它所容納的一切構成,但我們並非從宇宙的本質來認識它,也不是從飛蟲的視角出發,而是從我們與宇宙的關係來認識。除了人類的視角,所有其他視角對宇宙的概念都存在偏差。這樣的宇宙是偏重人類且帶有觀點的,它被塑造成完全以人類為出發點的設計。萬物的形狀、顏色、氣味和聲音的特性,端視人類的感官而定。我們如何看待及理解萬物之間的關係,則要考量人類的需要為何。

在人的利益、目的及欲望的世界裡，視角甚至更狹窄。這個世界不存在人類視角，只存在個人和群體視角。沒有一個視角適用於所有人、所有人類歷史或地球上所有角落。何謂對錯、好壞、愉快與不快，都受時地所限，而且是相對的，只適用於某時某地某情況下的某些人。

2

面對深植於社會的多元性，有些思想家雖然提出反駁，但終究只是徒勞。他們發想出社會有機體（social organisms）、民族靈魂（national souls）、超靈魂（oversouls）、集體靈魂（collective souls）等論點；他們滿懷希望，拿蜂窩和蟻垤、太陽系、人體當比喻；他們向德國哲學家黑格爾尋求更高層次的統一，向法國思想家盧梭（Jean-Jacques Rousseau）尋求普遍意志（general will），設法找出讓人們合而為一的基礎。儘管人人想法不同，欲望不一，私人利益千差萬別，難以糅合成共同利益，但人們不可能獨自生活，連實現私人目的的過程，也不可能不考慮他人的行為。即便如此，我們不應再指望化眾為一，而這個「一」還能海納百

第八章　社會契約

川。對我們而言,衝突和分歧切切實實存在,不容否認,也因此我們要追求不再是一致的目標,而是在不同目標間尋求一種妥協與調整。

基於上述,當我們談論龐大社會中問題的解決之道時,指的無非是有利益衝突的雙方找到了和平共處的權宜妥協之計(modus vivendi)。當然,也許雙方真的消除了所有分歧,或者一方屈服於另一方,抑或雙方懾服於第三方。然而,絕大多數社會問題的解決方法並不那麼乾淨俐落,不是每件事都能像拼圖一樣完美契合。有利益衝突的各方只是想辦法互相妥協,東退讓一點,西索取一點,在不結下太多恩怨的情況下共存。

他們仍然保有各自的立場,參與其中的人想法各異,沒有統一的思想或目的。他們各行其道,不正面碰撞,甚至偶爾仰仗對方相助。他們知道自己有哪些權利義務,明白能期待什麼,社會對他們又有何期待。他們實際擁有的權利往往比聲稱的少,承擔的義務往往比希望的重。不過因為權利與義務在某種程度上是由外部力量強制執行,所以他們的行為既可理解也能預測,即便利益互相衝突,也依然存在合作空間。

權利與義務體系乃一種權宜妥協之計。不論在哪個歷史時

期,這樣的體系常獲得某種崇高的宗教或理想認可。各個時代的卓越思想家通常會設法證明,當時的制度、法律、道德和習俗皆來自上帝的啟示。這類令人生厭的幻想早已被打破千百次。各個時期出現的權利與義務體系,實際上只是有影響力的利益團體角力達到平衡的結果,只能說這樣的體系是一種略為過時的陳舊模式。正如美國社會學家烏格朋先生(William Fielding Ogburn)的描述,滯後的現象多少一定有,所以人們學到的那套權利與義務體系,通常比他們認為最方便的那套還要落後一些。不過無論體系是否過時,究其根本,權利是某人能夠主張的要求,而義務是某人需要承擔的責任。

3

現行的權利與義務體系,旨在規範人與人之間各自可能互相衝突的目標。已確立的權利是一項承諾,指特定行為將得到國家組織力量的支持,或至少獲得社群情感撐腰;義務是一項承諾,若不以特定方式尊重他人的權利,將受到懲罰。懲罰可能是死刑、入獄、損失財產、剝奪權利或社會譴責。簡而言之,權利與

第八章　社會契約

義務體系是承諾的集合,由法院和公眾情感作為後盾。這個體系並非一成不變,而是會隨時間、地點以及法庭和社群的特性而不同。儘管如此,它仍能在一定程度上確保人的行為合乎理性,同時透過限制與定義,界定人們有多大自由可以追求互相衝突的目標,從而在多元中建立某種程度的統一。

有時承諾是以具強制力的法律表現:你應該這麼做,否則將受到懲罰,或者是你不應有這些或那些行為等。有時承諾是基於雙方的契約:制定契約並非必要,但一經締約便應履行,否則將受到一定懲罰。有時承諾是基於教會的規範:規範必須遵守,否則罪的代價將在現實中降臨,或在罪人心頭揮之不去,使其不停想著未來可能的懲罰。有時承諾是基於習俗:習俗必須尊重,否則不論代價為何,都得承擔不遵守的後果。有時承諾是基於習慣:行事必須依循習慣,否則將面臨打破習慣時的忐忑不安。

是否有哪一項權利或義務應強制執行?又應如何執行?由警察、社會大眾的批判還是個人良知?這些問題無法透過先驗推理(先驗推理是指不需依照經驗,僅憑邏輯或真理所推導出的結論)回答。給出答案的是在社會占主導地位的各方利害關係人,每一方都會將力量發揮到極限,推行偏好的權利與義務體系,這

套體系創造的社會和諧，在那一方看來最便於行事且令人嚮往。而最後建立的體系，將反映各方力量角力的結果。規則對己有利就挺身辯護，對己不利則加以抨擊。各自提出的論點將成為攻守利器。即使是最客觀的理性訴求，到頭來也都是呼籲人們放棄某個主張，轉而支持另一個。

4

各利害關係人發生爭論的時候，問題將聚焦在某一特定規則本身的優劣，辯論的主軸會圍繞在規則的好壞，以及應當採取何種懲罰來施行。在反覆辯論後，經過一次次說服或施壓，社會的具體規則才得以制定、施行和修改。

本書的主旨是，公眾成員是行動的旁觀者，無法根據爭論的是非曲直有效介入其中。他們必須站在外部判斷，而唯一能採取的行動是支持某一直接參與的利害關係人。由此可知，公眾對爭論的關注程度不能由具體問題決定，那麼該由什麼決定呢？爭論來到哪個階段，公眾才會真正開始關注呢？

只有在有人率先提出異議的情況下，公眾才會意識到問題

第八章 社會契約

的存在；當人們不再提出異議，就代表有解方出現。由此可見，對公眾而言，只要規則獲得各方關係人同意，就是適當的規則。再往下推，可知公眾對問題的關注僅限於以下面向：規則應當存在，獲普遍接受的規則應當施行，無法施行的規則應當根據既定規則加以修改。不論公眾認為約翰‧史密斯（John Smith）[2]應該或不應該做什麼，都無關緊要，因為公眾不曉得約翰的動機和需求，也不關心這些。公眾真正關心的是約翰是否會履行他的承諾，因為只有根據既定規則來制定、施行和修改人與人之間的社會契約，社會組織才可能形成。若不以權利與義務制度加以規範，各種互相衝突的目的將引發沒完沒了的問題。

公眾關注的不是規則、契約和習俗本身，而是規則、契約和習俗這一套體系的維護過程。公眾關心的是法律體系，而不是個別法律；是法律的運作方式，而不是條文內容；是契約的神聖性，而不是特定契約；是基於習俗的共識，而不是某個特定習俗。公眾之所以關心這些，是希望人們在面對日常事務時，能夠找到和平共處的權宜妥協之計，因此它注重的是有沒有可行的規

---

[2] 譯注：英文常將路人甲稱為John Smith，好比臺灣的小明。

則來界定並預測他人的行為,以便調整自身行為。公眾可以藉由讚揚、譴責、投票、罷工、抵制或支持來施加壓力,但施壓能不能產生實際效果,必須看有沒有成功為施行現有規則或提倡新規則的人一臂之力。

在本書所提的理論中,公眾不是制定法律或道德準則的主腦,充其量只算後備力量,可以動員起來支持法律與道德的運作和精神。雖然我認為公眾不能制定規則,但不是說它應該放棄現在發揮的任何功能,我想表達的只是它應該放棄裝模作樣。倘若公眾試圖處理實質內容,下場無非是被特定利害關係人欺騙,或在不知不覺間成為該方的幫手。社會的共同利益只有一個,即所有特定利害關係人都應按照既定規則行事。當你開始詢問規則是什麼,等於闖入眾多利益角力的領域,這些利益具有特定視角,包括個人、階級、地方和國家各自重視的利益。公眾不該問這個問題,因為它自己也無力回答。如果公眾能認識到權利與義務體系雖屬必要,但沒有哪一套體系特別神聖,它便可以在力所能及的範圍協助解決社會問題。

第九章
公眾面對的兩個問題

人們遵守的規則大多運作穩定,因此無需特別關注。公眾只需專注處理失靈的規則。當習俗被所有應遵守者接受、契約和平履行、承諾得到兌現、期望獲得滿足,便不會引發任何問題。即使發生違反規則的情況,只要明確認定違規事實,清楚確認侵害行為,裁量處罰並付諸實施,便不會引起公眾質疑。行為者可能因認罪而自曝身分,即使他否認罪行,在經過某些正當程序後也可能被指認。我所指的規則,涵蓋偵查、解釋和施行的方法,以及規則本身的內容。而在這兩種可能的情況下,規則都沒有被動搖,因此公眾的力量可以毫不猶豫支持執行規則的主管機關。

除非公眾對規則的有效性產生疑慮,亦即對規則的含義、合理性或應用方法存疑,否則在公眾眼中問題不存在。有疑慮的時候,公眾需要簡單、客觀的測試來幫助它決定支持的立場。這些測試必須回答兩個問題:

問題一，規則是否有缺陷？

問題二，如何辨識最有可能修正規則的代理人？

我堅信，公眾只需要回答這兩個問題，就可以在能力範圍內發揮最大影響力，協助解決公共問題。請注意，不是人人解決問題時都只要回答這兩個問題。唯有希望避免無知干預的公眾成員，才應該專注在這些問題，如此一來才能有效發揮影響。

那麼公眾要怎麼知道規則有缺陷？又該如何辨識改革者？如果真的要回答這些問題，他必定要能夠在沒有真正瞭解問題的情況下迅速作答。這有可能做到嗎？他能夠在不知情的情況下採取明智的行動嗎？

我認為這件看似矛盾的事，還是可以達成，接下來將以四個章節分別闡述。

第十章
公共辯論的主要價值

1

一個人的行為如果受規則約束,他便會關注該條規則的實質內容。但如果規則管控的行為與他無關,他關注的重點則會是規則可不可行。

由此可知,公眾的組成並非固定不變,而是隨問題變動。一件事的行動者可能是另一件事的旁觀者。人們的角色不斷在執行者與公眾成員之間來回變換。一如我在第三章所說的,兩者之間的區別並非絕對,有一個模糊地帶,很難說一個人是在執行自己的意見,抑或只是在影響執行者的意見。這兩種行為經常重疊,而正因為行為重疊,加上所有情況都缺乏明確區分兩者的界線,導致一個人面對公共事務的立場是公是私,變得相當模糊難分。

有些人還會假冒公眾成員混跡其中，有的裝作自己只是順應公眾的共同需求（即應有令人滿意的規則）而行動，有的真心以為自己是為公眾著想，但實際上無不是在扭曲規則以謀取私利，而這就造成公眾對問題的觀點變得模糊不清。

因此，從一開始就要察覺並排除利益團體，這一點很重要。雖說如此，我完全無意批評人們為了促進自身利益而聯手的行為。批評這點只是枉費心機，畢竟大家都明白，凡是不用費太大勁就能獲得的利益，人人都會起身為自己爭取。倘若有政治理論的論述基礎，是預期任何社群中的平民百姓都會捨己為人，公而忘私，這樣的理論也沒什麼值得探究的。何況如果人們不受私人利益驅使，從而對各種事務有所貢獻並從中獲得領悟，維持世界運轉的工作是否還能完成也很難說。再者，從經過深思熟慮且徹底探討的特定觀點出發，可能有助讓調整方案更符合實際情況。

據此推論，任何具啟發性的公共討論，其要旨不在於掩蓋和審查私人利益，而在於推動它參與討論，並且讓它以真實面貌呈現，而非打著利益公眾的招牌欺騙世人。在我的定義之下，真正的公眾必須自我淨化，清除與公眾混為一談的利益團體。這麼做不是因為私人利益有哪裡不好，而是因為如果有哪項私利因冒充

公利而獲得力量,多方私利就無法順利協調。真正的公眾只關心協調這件事是否發生,如果公眾被動員起來,支持某個企圖壓倒其他利益的私利,這樣的協調就是虛假的;它沒有呈現各方力量在事務中的真正平衡,解決方案將以失敗告終。因為真正的公眾不會為任何事長期動員,動員一旦解除,被錯捧的利益團體將發現自己無法掌控先前獲得的特權。這就好比有一個人在6名警察的合力之下,被擱在拳王傑克・登普西(Jack Dempsey)的胸膛上,後來警察回家吃晚餐,把人獨自留在原地面對拳王。這也像法國在協約國的支持下,凌駕在筋疲力盡的德國之上,後來協約國撤出歐洲,只剩法國孤軍面對德國。

要劃清公眾與利益團體的界線,不能指望利益團體主動配合。因為無論是農民、商人還是工會成員組成的團體,一定都會盡可能聲稱自己代表公眾。那麼要如何察覺他們的私人利益?利益團體會透過宣傳,想方設法讓自己與公正無私的公眾為伍,但普通的旁觀者不具備分析這類宣傳的能力。這問題很令人頭痛,也許算得上民治政府最讓人頭大的問題。旁觀者唯一能仰賴的方法是堅持辯論。可以假設,旁觀者無力判斷論點的是非曲直。不過只要他對充分的討論自由堅持到底,擁護私利的各方就極有可

能互相揭發。公開辯論也許不會得出結論,也不會為問題或答案提供任何清晰的解釋,但會讓偏袒特定方的人和擁護私利之徒原形畢露。如果辯論成功幫助真正的公眾辨識出這些人,辯論的主要目的就達成了。

非直接關係人還是可以選擇加入某個利益團體,支持團體奮鬥的目標。但他至少會明白,自己已經主動偏袒某一方,也許如此一來,他就比較不會把團體的目標錯當成民心所向。

第十一章
有缺陷的規則

1

一個人違反規則,然後當眾替自己的行為辯解。從根本上來說,這無異是在攻擊規則的有效性,並要求公眾予以決斷。

他聲稱自己是根據比現行規則更好的新規則行事。公眾該如何在兩者之間做出判斷?假設公眾無法深入問題本身的是非曲直,就一定要反問違反者,為什麼違反規則之前沒有先徵求各方的同意。他可能會說事發突然沒有時間,情急之下就這麼做了。如果是這樣,對公眾來說就不算什麼大問題,身邊的人要麼感激他,要麼說他傻。但這些情況實屬特例,並沒有真的建立新規則。如果利害關係人能和平接受結果,公眾大概就滿意了。可是假設情況不緊急,假設標新立異者明明有時間徵求同意卻沒這麼

做，因為他自認為當下的所作所為是上上之策，那麼他照理應該受到譴責，其他方的反對意見也理應獲得支持。

單方面下達新規則的權利，沒有其正當性，並不能視為社會的運作原則。無論新規則的用意有多良好，若不先在某種程度上獲得所有依循這些規則生活之人的理解與認同，就不能指望它會有效運作。當然，標新立異者可能會回說，害他受到譴責的禍根是一條未經完全證實卻被奉為圭臬的原則。這麼說也許沒錯。旁徵博引有重要意義的歷史事件，就能反駁新規則需徵得同意的這個原則。歷史洪流中有許多政權是強加於民，起初人民心不甘情不願，後來見其卓有成效，轉而推崇這些政權。如同大多數的原則，「同意是必要的」這一原則也並非完美無缺。然而，它仍是社會運行的必要假設。因為如果新規則不需經過同意，那麼人人都可以制定自己的規則，也就沒以所謂的規則。因此一定要堅守這原則，但也要認識到，特殊情況下的特殊人物會憑自身力量繞過任何原則。社會規則不能奠基在例外之上，所以這些例外必須自行證明其正當性。

從前述可推知，檢驗打破規則的行為是否正當，乃以是否徵得同意為標準。接下來的問題是，當公眾成員在進行同意測試

（test of assent）時，如何確定已經徵得充分的同意？他如何知道政權是由專斷力量強加於民，還是實際上獲得了同意？

2

我們想知道同意是否欠缺。判斷標準是有無公開抗議，或者人民是否普遍拒絕服從。可行的規則只要經過同意，便不會引起抗議或眾多人民不服從。身為公眾成員，我們該如何評估抗議的重要性或不服從的程度？

3

假如在一場爭論中，只有少數人直接涉及其中，公眾最好不要介入。爭論的當事人大可提出抗議，但抗議的對象如果不是專為裁決這類爭端而設的公開法庭，則可能沒人理睬。公眾不能期待參與人與人之間的所有協調細節，這些細節對當事人而言再怎麼悲慘或重大，公眾也不應期望插手。一個人對另一個人的抗議不能視為公共問題。唯有公開法庭遭受質疑時，才能如此視之，而這無非是因為爭端可能需要由其他法庭進一步調查。在這樣的

爭端中，公眾必須信任各協調機構會互相監督。別忘了，公眾是由每天只花半小時左右看報紙的大忙人組成，說它沒辦法深入細節伸張正義，並沒有泯滅人性的意思，而只是出於謹慎考量。

然而，如果爭論牽涉到很多人，必然會引發公共問題。因為捲入其中的人如果很多，影響範圍不僅可能很大，說不定還需要動用公眾所能發揮的所有力量，才能促使協調和平進行。

公眾必須審慎以待的是代表相當規模的群體所發聲的抗議。但公眾該如何知道這樣的抗議已經形成？它必須確認代言人是否經過授權（authorized）。如何知道代言人是否經過授權？也就是說，如何判斷代言人能不能夠帶領支持者投入到某一行動，進而代表這些支持者表達同意？表面上的領導者是否為真正的領袖，這個問題公眾成員通常無從直接根據實際情況回答。然而，他們還是必須從經驗法則，想辦法得出有一定把握的答案。

這條經驗法則指的是，如果有人不承認表面上的領導者（即擁有領導頭銜等外在領導標誌的人物），這個人就要負起舉證責任。在國與國之間，無論對方的政府多麼令人厭惡，只要該國沒有出現公開反抗政權的行動，公眾意見就不能質疑投票結果。除非他國人民試圖操弄該國的政治（但這只是白費心思），否則也

第十一章　有缺陷的規則

別無他法，只能接受該國是由一群罷免不成的官員掌政。如果有公開反抗政權的行動，或者較溫和的替代方案，如近期就會舉辦的選舉，那麼推遲與該國的長期協議，等到穩定的政府上台再來談，也不失為明智之舉。倘若真的要磋商協議，就必須與在首都的現任政府協商。

同樣的概念稍加修改，也適用於國家內部的大型團體。以礦工工會為例，假如工會領導層已經表明立場，那麼即便雇主不承認領導層是代表工會成員發聲，也沒有半點意義，雇主應該拒絕領導層替非工會礦工發表言論。如果當前的關鍵問題需要工會予以同意，那麼除非工會內部指控領導層失職，不然公眾就必須接受這些人已經獲得授權。

假設領導層在工會內部受到挑戰，公眾應該如何評估挑戰的重要性？回想一下前幾段，我們的目標不是查明反對者是否正確，只是確認代言人是否真的能夠帶領支持者投入行動。評估挑戰時，公眾要關心的是反對派能夠憑藉人數、決心或在工會內的關鍵影響力，削弱同意的價值到什麼程度。然而，如果我們指望公眾能判斷這些，就對它要求過頭了。假如反對派的重要性真的能衡量，也只能透過粗略的外在標準評估。如果反對派不挑戰代

言人的資格,只批評但不反抗其權威,公眾就不會投以關注,因為那是內部事務。只有揚言不服從的反對派才需要關切。

在這樣的情況下,如果代言人是選舉產生的,這些代言人擁有同意權的資格只在任期之內。如果非經選舉產生,且反抗權威的勢力不容忽視,代言人表達的同意僅屬暫時性。當然,以上標準並未衡量反對派的重要性,而是將反對派納入擬定協議時的考量因素,根據現實情況制定合理的協議,從而讓反對派得以展現影響力。

前述的標準為一般的同意原則添加必要修改,使原則在應用時更切合實際。經過修改,大型團體表達同意與否的檢驗標準,不再單單考量代言人是否同意。

4

遵守測試(test of conformity)與同意測試密切相關。合理推測,人們公開批評規則、習俗、法律、制度的同時,不是已經規避規則,就是即將規避規則。我們可以合理假設,一般人都希望循規蹈矩,而任何激憤到願意為公開表達異議付出代價的團體,可能都有值得辯論的論點;更可以確定的是,團體中會有非常多

第十一章　有缺陷的規則

人已經不是單純批評,而是在行動上開始不遵守規則。也許他們的論點是錯的,也許規則的修正方案很愚蠢,但他們願意冒個人風險公開批評,就表示這個規則運作不良。因此,廣泛的批評聲浪具有超越其理智價值的意義。在絕大多數情況下,它是規則不穩定的表面徵兆。

若規則被打破的情況不是偶爾發生,而是經常出現,則代表規則有缺陷。它所定義的行為,根本不符合一般人應有的行為。也許聽來高尚,但無法實際運用。既不能協調各方關係,也不能真正組織社會。

規則在哪方面有缺陷,公眾無法具體指出。它可以運用我提出的兩項測試,即同意測試與遵守測試,判斷規則是否存在缺陷。但是,缺陷的原因是沒有正確衡量各方在力量平衡上出現的變化,還是疏忽了某個重要的利害關係人或相關情況,或是協調技巧拙劣,或是規則自相矛盾或晦澀難懂,或是缺乏解釋規則的機制,或是欠缺從一般規則推導具體規則的機制,公眾無力判斷。

我相信,如果公眾判斷得出規則有缺陷,然後找出最有可能修正缺陷的代理人,就已經把它的常規能力發揮到極限了。

第十二章
改革的標準

1

公眾由隨機集結的旁觀者組成,旁觀者即使有心,也無力介入當下所有問題。我認為,他們能夠也必須偶爾發揮作用,但面對複雜多變的社會每天產生的各種問題,他們不可能一一關心,連最粗淺的判斷也做不了,行動上也不會大力偏袒某一方。一般來說,他們將代理權授予專業公眾,這群公眾由具有一定聲望的人士組成。絕大多數的問題始終在這個群體的掌控之中,不具專業背景的公眾只能捕捉到爭論的片段餘音。

在利益團體與公眾人物不斷來回協商下,若能達成協議,執政黨便能獲得全國信任。此時,原本觀望的群眾就會跟這些主導大局的人站在同一陣線,作為他們的後盾。然而,倘若利益團體

第十二章　改革的標準

之間無法達成共識，造成局勢混亂和長期危機，那麼核心成員中的反對派便可能被視為國家的希望，轉而號召旁觀者加入其陣營。

天下太平的時候支持執政黨，看似動盪的時候支持在野黨，這就是民治政府的本質，儘管有人認為雙方之間的差異根本微乎其微。即便是你我經驗中最聰明的那群公眾，也必須在執政黨和在野黨之間二選一，決定最終由誰行使國家、軍隊與警察的組織權力。社群如果沒有選擇餘地，就不會有民治政府，而是淪為某種形式的獨裁，或被政客的陰謀詭計統治。

雖然各黨支持者向來習慣誇大其辭，稱執政黨和在野黨有天壤之別，但我相信在穩定成熟的社會，雙方不見得有懸殊差異，這是可以證明的。若差異懸殊，失利的少數將隨時處於反抗政權的邊緣，選舉也將引發巨大動盪。但實際情況並非如此，現實中人們對選舉的假設是勝選方不會採取任何讓落敗方生活苦不堪言的舉措，而落敗方會很有風度地接受他們不贊成的政策。

在美國、英國、加拿大、澳洲和部分歐陸國家，選舉的實際意義幾乎跟競選者聲稱的沒有一丁點相符。選舉意味著一些新面孔出現，而在管理國家大小事的整體走向上，可能與前政府略有不同。下臺的執政黨也許傾向集體主義，走馬上任的在野黨則

偏向個人主義。在外交事務上，執政黨也許疑慮重重，合作意願低，在野黨則可能更信任他方，或抱持另一套懷疑觀點。執政黨也許偏袒特定製造業的利益，在野黨可能偏重農業利益。儘管雙方在這些方面的傾向上存在差異，但與涵蓋面向廣泛的共識、既定習慣與必須滿足的共同需求相比，這些差異實在微不足道。說實話，也許我們可以說，當一個國家的選舉沒有造成任何劇變，該國的政治局勢就是穩定的。

這樣看來，在長期運作良好的社會中，競選活動有幾分故作嚴肅的味道。高漲的情緒大多不是因為在乎國家命運，而只是因為心繫選戰結果。有些人激情萬丈是出自真心感受，就像喝醉後陷入狂熱的狀態。但大部分的激昂情緒是用金錢刻意煽動，靠撒幣攻克廣大選民的惰性。在多數情況下，執政黨和在野黨的真正差異，不過是執政黨在任期結束後，因為深陷在政策之中，與特定利害關係人的糾葛過深，導致失去中立的決策自由。他們無從干預並制約這些利害關係人的專斷行為。因此，這時候就該由在野黨接掌政權，重建平衡。政黨輪替之際，在野黨的優勢在於他們並未深陷在先前過度重視的特定政策，並與前政府偏重的特定利害關係人過從甚密。

第十二章　改革的標準

檢驗執政黨是否有效處理事務的標準,乃有無令人憂心的問題存在。一如我在前一章提出的,改革的必要性可以透過同意測試和遵守測試來認定。但是我認為,大多時候社會大眾不可能在每個問題上都支持改革的一方。它必須經由一次次判斷問題是正在解決還是更加惡化,將判斷累積起來,再決定要選擇執政黨還是在野黨。部分改革者在爭取支持時,往往必須向正在執政者尋求支持。

可是,如果要提升公眾意見的品質,就必須將這些整體判斷,拆解為針對時下焦點議題,更細緻、具體的分析。公眾關注的議題並非全屬政治範疇,也並非都能透過政黨體系解決。因此,能不能構想出任何評判標準,指引旁觀者在具體爭論中做出判斷,似乎值得探究。

關鍵的課題在於,如何透過清晰、簡要的客觀測試,找出爭論中最值得公眾支持的行動者。

2

如果規則清楚明瞭,有效性不受質疑,違規行為一目了然,

違規者也無所藏匿時,就不會有什麼問題。公眾是執法者的後盾,這股支持的力量在法律運作良好時,就像一家穩健銀行的儲備黃金,人人都知道它的存在,但無須動用。然而,當有爭議,有的規則不清楚,有的有效性備受質疑,導致各方紛紛稱對方違規,主張自己是為了人類的最高理想而行動。在國家之間、地方利害關係人之間、階級之間、城鄉之間、教會之間的種種爭端中,缺乏協調各方的明確規則,關於這些規則的論戰也在宣傳的迷霧中逐漸失焦。

然而,正是這類最難以釐清的爭端,才需要公眾的判斷。在事實最模糊、缺乏可循的先例、新穎與混亂充斥一切的情況下,公眾就算不具備足夠的能力,仍然必須做出最重要的決定。公共機構處理不了的問題是最棘手的,這些才是公眾得正視的問題。

在這些情況下,公眾成員可以運用的一個測試,就是留意爭端中的哪一方最不願意將自己的主張全部提交調查並服從結果。這不代表專家永遠是對的,或公正的法庭真的毫無偏頗。它只意味著,在公眾被迫介入陌生而又複雜事務時,公開調查測試(test of public inquiry)可以提供最可靠的線索,讓公眾評估主張者的誠意,對嚴峻審查的信心,以及為了理性協商而願意承擔風險的

第十二章 改革的標準

意願。主張者可以質疑某個法庭,但必須至少提出一個替代的解決方案。測試的重點是,在缺乏既定規則來解決爭端的情況下,他是否願意按照現有的法律框架行事,並依照程序制定法律。

在公眾意見可以使用的測試中,調查測試是最普遍適用的。如果各方願意接受調查,便會立刻形成理性的氣氛,也會看到解決爭端的曙光。即使事與願違,至少可以延緩倉促行動,也有機會釐清問題。倘若這也無法做到,至少可以辨識出爭端中哪一方最專斷獨行。怪不得近來在《國際聯盟盟約》(Covenant of the League of Nations)[1]與《和平解決國際爭端議定書》(Protocol for the Pacific Settlement of International Disputes)[2]的框架下,針對解決國際爭端所展開的各種新嘗試都援引了這一原則來處理所謂的不可裁判問題(nonjusticiable questions)。在運用調查測試時,我們可以確認的是,爭端一定存在,爭議的是非對錯還不明朗,且解決爭端的對應政策也還沒制定。但我們這些身處事外的公眾認為,這些針鋒相對的當事人必須表現得像有法律可以化解爭端那樣。

---

1 Articles XIII, XV.
2 Articles 4, 5, 6, 7, 8, 10.

就算缺乏得出合理結論的資料，我們也要求各方採取理性的途徑與精神。我們要求做出任何必要的犧牲，包括延後滿足各方的正當需求、冒其中一方可能會失利的危險，以及承擔可能會出現不公的風險。之所以要堅決主張前述立場，是因為我們所維護的社會是建立在所有爭論都可以透過和平協議解決的原則上。

也許實際上不是如此，但我們的社會就是建立在這個信條之上，因此不得不捍衛它。即便它可能會馬上帶來一些非常令人擔憂的後果，我們還是可以心安理得捍衛它。因為在各種爭端中一概堅持以理性精神應對，久而久之我們就會養成理性思考的習慣。在盛行這種風氣的地方，任何觀點在理性之人眼中都不可能是絕對的，人與人之間的問題也不可能難解到連一個權宜妥協之計都沒有。

調查測試是重中之重的測試，公眾可以運用它的力量來拓展理性的界限。

3

儘管調查測試可以辨識哪一方有資格先獲得支持，但也只有

第十二章 改革的標準

在其中一方拒絕調查時,才能彰顯測試的價值。假使各方都願意接受調查,這項測試也就沒有鑑別度。再者,它也無法揭示所提的解決方案有何潛在成效。尋求大眾關注的一方,也許需要隱瞞的事情不多,而且可能立意良善,可惜真心誠意不能作為智慧高低的指標。那麼,公眾該依據什麼標準來評判作為解決方案的新規則呢?

公眾無法判斷新規則實際上是否可行,換言之,我們也可以這麼理解,在變化莫測的世界沒有一條規則永遠行得通,因此規則應當條理分明,如此一來在實際運作之後,如果規則有缺陷,這個漏洞才會清楚顯現。規則應明確到一旦發生違規行為便能清楚辨識。然而,沒有任何一般性規則可以適用所有情況,這就代表規則必須包含一套既定程序,以便進行解釋。舉例來說,如果有一項條約規定,在特定條件下,**應撤離某一塊領土**,卻又未明確規定特定條件的內容及時機,那麼,這項條約就有一定的缺陷,應予以譴責。換句話說,規則必須包含闡明規則本身的途徑,違規行為才會無所遁形。唯有如此,規則才能依據現實經驗運作,這些經驗是人類智慧無法事先預料的。

由此可推得,規則必須條理分明,才能在不發生革命的情

況下加以修正。修正必須經過同意，但實際的情況是，即便修正的理由十分充分，也不一定會得到同意。但凡是人總是會捍衛自己的權利。為了打破僵局，規則應當規定，有關規則修改的爭論應依某種正式程序，並公之於眾。通常透過這個方式就能化解僵局。若化解不成，社會大眾十之八九會攪和進去，並偏袒其中一方，結果可能造成有關各方的麻煩。這種無知、粗暴、離題的公眾意見插手爭論所帶來的麻煩，至少能給這些直接關係人上一課，讓他們明白下次別再請求公眾介入。

即便修正是可能的，也不該頻繁修正，或是突然啟動修正作業。應該要有足夠的時間讓習慣和習俗形成。不應因為某個能言善道的人看到出風頭的機會，就讓鍋子一直沸騰，或者因為這號人物提出一些相對來說微不足道的理由，就把鍋子胡攪一通。一個制度牽涉到許多不同人的習慣和期望，因此必須找到某種方法讓制度穩定，但又不讓制度僵化。要實現這一點，可以要求修正作業應在適當通知（due notice）之後才可啟動。

在具體案例中，什麼樣的通知才算適當，公眾也不曉得。只有各利害關係人，才可能知道何時中斷工作節奏帶來的麻煩最少。對於履行長期承諾的人而言，適當通知的期限可能比較長，

而對履行短期承諾的人來說,則有不同的通知期限。無論如何,公眾都可以觀察擬議的解決方案是否體現適當通知原則。

綜合前述,針對如何評判一條新規則,本書提出三項測試:規則是否具備清晰的解釋機制?是否規定須經同意才可修正?是否規定須經適當通知才可提出修正案?這些測試旨在評估解決方案的潛在成效,評估的依據不是方案的實質內容,而是方案的產生程序。若改革能通過這些測試,通常就能獲得公眾的支持。

4

針對亞里士多德的問題:能不能制定簡單的標準,讓旁觀者知道如何在複雜的事務中該與誰結盟?而上面所述就是現階段我所能解釋的答案了。

我在前文提出,辯論的主要價值不在於向觀眾揭開爭論的真相,而在於辯論也許可以辨識出偏袒特定方的人。我也進一步提出,規範行為的規則有缺陷,就代表有問題存在。公眾判斷是否有缺陷的最佳方法,是運用同意測試和遵守測試。至於補救措施,我則假設一般來說,公眾必須求助在野黨而非執政黨,但

像這樣的整體判斷過於籠統,在具體問題上需要分析性更強的測試,才可能讓判斷更為準確。所謂分析性更強的測試,我舉的例子包括針對混亂複雜的爭論採用調查測試,針對改革使用解釋、修正及適當通知測試。

這些判斷標準既非面面俱到,也非最終定論。儘管這些測試會在實踐和反思中不斷改進,在我看來,終究還是會有許多公共事務無法應用它們。我不相信公眾能夠成功介入所有公共問題。許多問題並不能靠愚鈍的偏袒來取得進展,而這種偏袒基本上就是公眾面對問題時所能發揮的全部影響力,因此如果前述的測試,或其他以此為基礎且更加精進的替代測試,沒辦法順利應用在當今討論的各種問題,也沒什麼好大驚小怪的。

我應該再說清楚一點,倘若公眾成員不能以這類測試作為行動指引,最明智的選擇就是什麼也不做。克制得了自己,就最好保持中立,這比盲目偏袒要強。當事情混亂不堪,或處在一個很微妙的平衡,抑或讓人難以理解,導致無法使用我在本書概述的種種判斷標準,這時候公眾還攪和進來的話,有極大可能只會把事情攪得更亂。不是所有問題都能憑人類目前的知識解決。有一大把可解決的問題,並不是公眾力所能及的,有的交由時間撫平

第十二章 改革的標準

足矣,有的是人類的命運——不是一定非做什麼不可。

由前述可知,公眾介入事務的適當限度,取決於它的判斷能力。如果出現更好的新標準,或人們從實務累積經驗,提升專業能力,限度便可能擴大。在缺乏測試或測試不適用的情況下,換句話說,只有針對爭端實際內容進行判斷才有用的時候,不管旁觀者採取什麼行動,幾乎只會是弊大於利。他們的責任是保持心胸開闊,靜觀其變。一個可以運用的測試,其存在本身就是公眾是否該介入的測試。

第十三章
公眾意見的原則

1

前幾章概述的測試有一些共通點。它們都選了幾個行為範例或不同的提案觀點來探討,並以概略而不失客觀,廣泛適用而不失明確的標準加以評估。這些判斷標準所得出的結論,無非不是協助公眾在爭議問題中,為自己支持或反對行動者提供一個正當的理由。

雖然我對這些測試略有著墨,但毫無疑問,我並不過分看重闡述的內容。一切純屬試探,提出來只是拋磚引玉,並證明構想出與公眾意見本質相符的測試並非不切實際的事。話雖如此,我還是很看重這些測試的特質。

測試應以以下原則為基礎:

第十三章 公眾意見的原則

1. 實際執行的工作,不是公眾的職責。公眾唯一的作為,是偏袒能夠實際執行的某一方並與之結盟。

2. 深入問題本身是非曲直的工作,不是公眾的職責。公眾是從外部介入局內人的作業。

3. 預測、分析和解決問題的工作,不是公眾的職責。公眾是根據與問題相關的一小部分事實做出判斷。

4. 處理某一問題所需的具體、技術性及深入理解的標準,不適用於公眾。公眾採取的判斷標準廣泛適用於多種問題,這些標準基本上著重在程序及公開的外在行為。

5. 留給公眾的職責,是判斷爭論中的行動者如何行事,是遵守既定的行為規則,還是專斷而為。判斷的方法必定是抽樣局內人行為的外在表現。

6. 抽樣應切中要點,故必須找到適合公眾意見本質的標準,藉此區別合理和專斷行為。

7. 就社會行動的目的而言,合理行為指的是制定、施行或修正規則時,行為遵循既定程序。

設計抽樣方法及定義判斷標準,乃政治學家之務。訓練公

眾運用這些方法,乃民主國家公民教育之務。將這些方法納入考量,乃制度設計者之務。

2

這些原則與民主改革者的理念截然不同。在我看來,他們在人民的自治教育上始終是基於這個假設:選民的目標應該是盡可能讓自己的見識和觀點貼近肩負國家大任的人。可想而知,選民整體上從未將差距拉近,但卻被寄予厚望。只要能教給他們更多事實,只要他們讀更多高品質的報導,只要聽更多講座、讀更多報告,他們就會在訓練之下逐漸成為主導公共事務的人,許多人相信這樣的想法。但以上假設完全錯誤,它建立在對公眾意見及公眾行動方式的錯誤理解之上。這樣的做法不可能產生合理的公民教育計畫,要想達到這種理想,只能說任何努力都徒勞無功。

這樣的民主觀是錯的,錯在沒有注意到局內人與局外人在經驗上的巨大差異。要求局外人像局內人一樣,在處理問題的實質內容時取得同樣的成果,這種民主觀本身就有偏差。局外人做不到。任何教育計畫,都無法事先訓練局外人具備應對人類所有問

第十三章 公眾意見的原則

題的能力;任何宣傳手法和知識傳播機制,都無法在危機時刻賦予局外人事先必須具備的詳細技術性知識,而這些知識恰恰對採取執行行動至關重要。

前述的民主理想從未界定公眾的功能,在各種問題上一直把公眾當作不成熟且定位不明的執行者。這種對公眾的模糊認識,根植於一種奇妙的社會觀。「人民」被視為單一個體;他們各自的意志被簡化為單一意志;他們的想法被簡化為單一思想;大眾被簡化為單一有機體,個體只是這個有機體的細胞而以。於是選民把自己投射到政府官員身上,一心認為官員的想法就是自己的想法,官員的作為就是自己的作為,甚至以某種令人費解的方式,把他們當作自己的一部分。上述這些身分的混淆,自然催生了這樣的理論:人人做事且事事都做。這阻礙了民主認清自身的局限以及可實現的目標,也模糊了職能分工和專業訓練的概念,這兩種概念是促進政府治理和社會教育的基礎,且在絕大多數的人類活動中也已經逐漸扎根。

民主從未發展出一套適合公眾的教育,只是讓公眾涉獵一點執政者所需具備的知識。說白了,民主的目標從來不是培養優秀公民,而是養成一大群業餘執行者。它沒有教導小孩如何成為稱

職的公眾成員,只是讓他囫圇吞棗,匆匆接觸一下如果他什麼都插手,可能需要具備的知識。而後果就是公眾茫然失措,大量官員訓練不足。肩負重任的人不是在公民課接受培訓,而是在法學院、律師事務所和商業界。廣大公眾(當一個人不在自己負責的知識領域內,即屬廣大公眾)缺乏有條理的政治訓練。我們的公民教育甚至還沒告訴選民,如何把錯綜複雜的公共事務簡化成某種可理解的形式。

當然,一直以來也不乏批評人士。這些人指出,民主大放厥詞,自稱能夠治國,結果卻搞得一團亂。在這些批評人士眼中,重大決策掌握在少數個人手中,公眾意見缺乏充分資訊,與決策者脫鉤,卻事事都要管。因此,他們認為,少數菁英與廣大的無知群眾之間原本就存在著先天的差異。批評者十分清楚民主的弊病=,卻被自己膚淺的分析而誤導,無法真正洞悉癥結所在。真正重要的根本差異在於局內人與局外人的區別。兩者與問題的關係迥然不同。只有局內人能做決定,不是因為他天生比較優秀,而是因為他身處能瞭解事端並採取行動的位置。局外人必定無知愚昧,而且通常跟事情沾不上一點關係,卻常常什麼都要管,因為他是在陸地上想方設法操控在海上的船隻。這就是為什麼厲害

第十三章 公眾意見的原則

的汽車製造商、文學評論家和科學家,經常在政治議題上胡說八道。如果他們真的天分過人,這份天賦也只在各自擅長的領域展現。支持貴族制的理論家提出的論述存在謬誤,他們假設只要方形樁的品質夠好,就能插進圓形洞,換言之,只要人才的能力夠優秀,就能勝任不適合的職位。他們跟民主理論家一樣,沒有掌握問題的核心:在職務的框架下才有能力可言;人不是十全十美,而是各有所長;人不能接受全能教育,只能接受特定教育。

公民教育與公眾成員教育,應當與公職教育區分開來。公民與公共事務的關係和官員截然不同,需要運用不同的思維習慣和行動方法。公眾意見的力量帶有偏見、斷斷續續、思考簡單且置身局外。一如我在這幾章試圖說明的,它需要新的思維方法,這個方法一定要提供可用的判斷標準,引導發揮力量的方向。

第3部

錯誤的民主理想不是走向幻滅，就是淪為事事都管的暴政。如果民主不能掌控國家事務，那麼就會鼓勵對民主有所期待的人民，去追求不可能實現的目標。……公眾必須在適當的位置，才可能發揮影響力，然而，更重要的是，我們必須確保每個人的生活，不受到盲目群眾的過多的干擾與踐踏。

THE
PHANTOM
PUBLIC

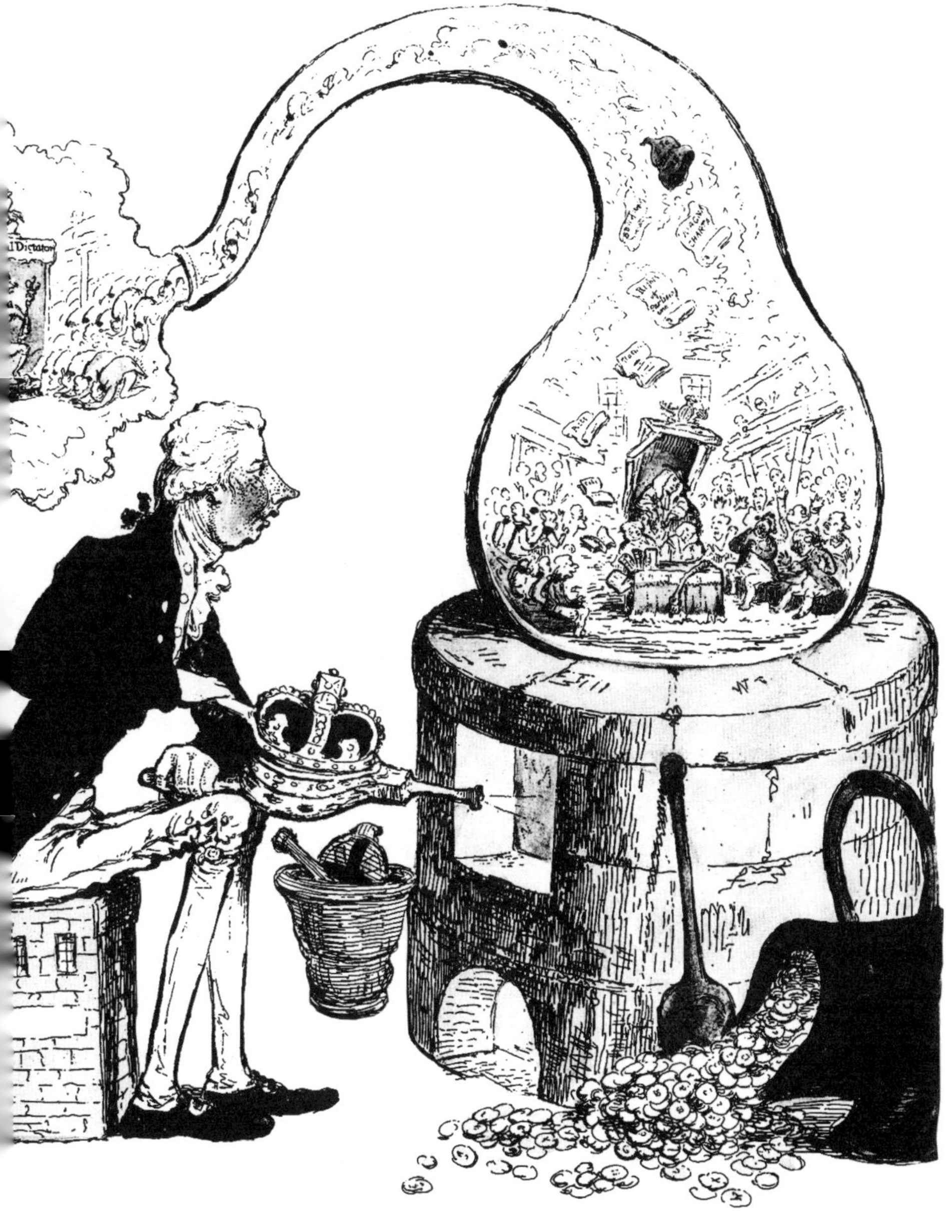

第十四章
社會再定位

1

　　錯誤的民主理想不是走向幻滅,就是淪為事事都管的暴政。如果民主不能掌控國家事務,那麼就會鼓勵對民主有所期待的人民,去追求不可能實現的目標。但這麼做必定會失敗,還會大肆干涉個人在生產及創造活動上的自由。公眾必須在適當的位置,才可能發揮影響力,然而,更重要的是,我們必須確保每個人的生活,不受到盲目群眾的過多的干擾與踐踏。

2

　　我認為困惑的根源,來自試圖將社會視為擁有共同目的的

第十四章 社會再定位

統一有機體。我們被教導要將社會看作一個有思想、有靈魂、有目的的個體,而不是思想、靈魂和目的各不相同且各自交織的集合。我們不被允許從現實的角度思考複雜的社會關係網,還被各種規模浩大的宣傳運動強加一種虛構實體的概念,稱這樣的實體為社會(Society)、國家(the Nation)、社群(the Community)。

這種社會被擬人化的現象,在19世紀主要是受民族主義和社會主義運動影響。這些運動所傳播的思想,都各自大力主張將公眾視為至高無上的社會目的的代理人。事實上,真正的代理人是民族主義領袖、社會改革者及其他們的副手。然而,他們營造特定形象,掩蓋真實意圖,在背地裡行動。這導致公眾習慣性認為,只要符合民族主義或社會福利的行動都應該獲得支持。民族主義統治者的所思所行就是民族大義,是檢驗所有愛國者的標準;改革者的提議體現了人類仁慈的意識,這種意識冥冥之中會推動人類一步步趨向完美。

這樣的欺瞞行徑如此普遍,連行騙之徒也常真心相信自己所言不假。為了維護他們的目的乃全人類精神的假象,政治人物面對大眾必須習慣話說三分。順帶一題,這些人物心裡也只承認片面真相,行動也只依據這部分的真相。由此可見,在公共生活

中，開誠布公成了策略問題，而非生活原則。

英國經濟學家約翰‧梅納德‧凱因斯（John Maynard Keynes）曾如此評價英國前首相勞合‧喬治先生（David Lloyd George）[1]，「他的判斷可能是對的，這就是民主所能做到的極限——靠被操弄、被哄騙、被勸誘，走在正確的道路上。偏好實話實說或展現誠意的做事之道，可能是出於某種美學或個人標準，但這種偏好在政治上與實際利益相牴觸。操哄勸騙的手段未來還有沒有效，現在還說不準。」

根據經驗，我們可以確定的是，牌不會統統亮出來。無論政治家個人多麼傾向將實話實說奉為做事之道，幾乎可以確定他還是不得不將真相作為政治策略的工具。相關證據不勝枚舉。沒有哪位政治家會純粹為了只說真話而陷軍隊安危於不顧。他不會為了曉以大義而危及外交談判，一般也不會為了把話挑明而捨棄自己在選舉中的優勢，更不會因為懺悔對靈魂助益莫大而承認自己的錯誤。只要公開真相的掌控權還握在手裡，他就會按照自己認定的行動、談判、士氣及聲望需求來操控真相的曝光。也許會誤

---

[1] John Maynard Keynes, *A Revision of the Treaty*, p. 4.

判需求,也許會誇大其辭,稱自己訂下的目標有多好又有多好。可是現實就是,只要公共事務有其目的,就會有各種明顯必須考量的因素,這些因素要與輕率抒發己見的風險綜合權衡。政治人物不會,也不能假定他的想法等同公眾的想法,並根據這種假設行動。

你不能像民主主義者那樣懷著怒氣,把政治人物統統貶低為不誠實的人,以此解釋前述的現象。這無關個人道德問題。商人、工會領袖、大學校長、牧師、編輯、評論家和先知,應該都能認同《獨立宣言》起草人之一的傑佛遜(Thomas Jefferson)所寫下的這段話:「我們常常希望腳步再快一點,但還是放慢了步伐,好讓沒有投入那麼多熱情的同伴能跟上我們⋯⋯在這種膽大之人與謹慎之人協調出來的步調下,我們得以與選民團結一致,攜手向前邁進。」[2]

因為必須「團結一致」,所以把真相放到第二位。我無意主張這種必要性多半不是真的。如果有政治家跟我說,揭露所有事實對他來說不安全,只要我信任他,我就願意相信他的話。坦率

---

2 In a letter to William Wirt, cited by John Sharp Williams, *Thomas Jefferson*, p. 7.

拒絕公開事實並沒有任何誤導之嫌,真正有害的是裝出一副什麼都已經公開的樣子,而公眾也全然信任這名裝模作樣的政治人物。這種惡行的根源,在於認為公眾以及組成公眾的所有個體擁有一致的思想、一致的靈魂、一致的目的。只要我們仔細審視,就會識破它的荒謬之處。這種詭辯實在很多餘。即使沒有專業醫學知識,我們還是充分信任醫生;即使不會開火車,我們還是充分信任火車駕駛。那為什麼不信任參議員呢?即使我們通過不了判斷農業法案優缺點的測驗,還是可以充分信任參議員吧?

然而,我們被深深灌輸「一致性是團結的基礎」這個概念,導致我們極度不願意承認世界上可以存在不一樣且或多或少彼此獨立的目的。一元論給人一種非常穩定的錯覺,令人深怕如果大家不團結一心,就會被逐一絞死。[3] 多元論則如其主要提倡者哈羅德‧拉斯基(Harold Laski)所指出的,似乎帶有「無政府狀態的意味」。然而,這種說法被過度誇大。無政府狀態最不明顯的地

3　Harold J. Laski, *Studies in the Problem of Sovereignty*, p. 24.
　　譯注:據說美國開國元勳班傑明‧富蘭克林(Benjamin Franklin)在簽署《獨立宣言》時曾說:「大家必須團結一心,否則下場無疑是被逐一絞死。」不過也有學者認為這句話並非出自富蘭克林。

方,恰恰是各種職能明確劃分,且分工協調井然有序的領域;而最明顯之處,就是在國與國之間、雇主與員工之間、以及地區、階級和種族之間的模糊地帶。在這些地帶,一切都沒有明確界定,互相獨立的目的被掩蓋和混淆,虛假的統一獲得推崇,每個特殊利害關係人總是自詡為人民的喉舌,想方設法把自己的目的包裝成全人類的願景,強加在每一隻羔羊身上。

3

自由主義原本立意良善,卻大力助長這種混亂局面,其實它最主要的洞見在於對個人偏見的剖析。自由主義者找到一種方法證明人的有限性,簡單來說人是無法脫離肉體的。從所謂的啟蒙時代一直到今天,種種強而有力的批判一再讓人們認識到,正如英國哲學家培根(Francis Bacon)所言,人是以自己心中的欲望去詮釋各種事物。人類抗拒承認自身的有限性,但只要拿出證據證明「人類屬於自然界」,抵抗的心理就會被擊潰,人類自以為確知一切真理的自負心態將受到四面八方的抨擊。只要向這些人說明人類思想與習俗的歷史演變,他們不得不承認所有的一切

都是受限於時間、空間與環境。只要向這些人證明所有觀點都存在偏見,即便排除個人欲望,偏見還是存在,因為持有某觀點的人,一定是站在某個時間和空間點上,眼前所見的不可能是世界的全貌,只會是從所在點上看出去的世界。於是人們瞭解到,他們透過自己雙眼看到的只是滄海一粟,更大更廣的世界要仰賴其他人的描述來認識,而這些也只是他人自認為的所見所聞。他們不得不明白,每個人看世界都有自己的習慣,而習慣往往受刻板印象塑造,因此人總是帶著某種觀點解讀事實;他們也得瞭解,一個人的整體經驗比他天真的腦袋瓜所以為的還更複雜。天真之人描繪出來的世界來自於道聽塗說與片面的觀察,也因此他們在面對事情常常是變化無常的,更會在不知不覺中受到心中欲望的影響。

上述的啟示令人既驚嘆又不安,自由主義一直都不是很清楚該如何應對。在莫斯科的一座劇院,有位姓葉夫雷諾夫[4]的劇作家把這個啟示導向合乎邏輯的結論。他自創一套獨角戲(monodra-

---

4 譯注:此指俄羅斯帝國劇作家尼古拉・葉夫雷諾夫(Nikolai Evreinov)。

ma）理論[5]。在這種戲劇中，觀眾只透過一個角色的視角觀看所有行動、場景和角色，也就是主人翁怎麼看，觀眾就怎麼看。而這些元素呈現出來的特質，是主人翁心中認為它們所擁有的。在傳統劇場，如果主人翁喝得酩酊大醉，他會獨自踉蹌在四下皆清醒的世界。但在葉夫雷諾夫先生極其自由主義式的劇場裡，如果我對肯尼斯‧麥高恩（Kenneth Macgowan，美國著名的劇場導演，1888-1963）的描述理解正確，這名醉漢不會在路燈下左搖右擺，而是會有兩盞路燈在他面前東搖西晃；他還會像拿破崙‧波拿巴特（Napoleon Bonaparte）一樣衣冠得體，因為他自身的感覺就是如此。

葉夫雷諾夫先生讓我陷入很大的困境。他似乎滅掉了自由主義者的威風，給他戴上一頂劇場丑角的愚人帽，並置於一個不存在的世界，只有一大堆瘋狂的鏡子層層映照出他自身的愚蠢。但後來我意識到，葉夫雷諾夫先生的邏輯存在著缺陷，而且不切實際。他自始至終都冷靜地與醉醺醺的主角保持距離，觀眾也同樣置身事外。宇宙並沒有真的在單一幻象中消失殆盡；這名喝醉

---

5 Kenneth Macgowan, *The Theatre of Tomorrow*, pp. 249-50.

的主角自有他的視角,但畢竟在他的人生歷程中,還有其他同樣真實的視角可能會與之碰撞。例如,也許會出現一名警察(警察無疑也有自身的種種幻象)打斷獨角戲的進行,提醒主人翁和我們,人就是會以心中的欲望為出發點,看見事物的影子,但看不見事物本身。

上述確實證明了自由主義的批判是理智的,但沒有回答這個問題:既然每個行動都必須由某人採取,既然每個人在某種程度上都是醉醺醺的主角,身邊晃著兩盞路燈,人類這種被個人特殊目的所支配的生物何以促進共善(common good)?答案是馴服個別目的、洞悉目的、互相協調,好比小提琴和鼓彼此配合,才能在管弦樂團譜出和諧的旋律。這樣的答案在19世紀並沒有被接受,儘管當時有各種打破舊制、破除偶像崇拜的浪潮,一致性的概念仍然陰魂不散。自由主義者拒絕為小提琴手和鼓手譜寫既能交織出和諧旋律,又能保持各自獨立的樂章。他們反而秉持高尚情操,呼籲人們展現最崇高的天性。這無異於忽視個體在現實中的差異,向一個理想中的人類發話。

這些面向廣大群眾的呼籲既含混又空泛,沒有提供任何具體指引,告訴眾人如何真誠行事,反倒讓人們在憑專斷意志行事時

第十四章 社會再定位

有了絕佳的掩護。自由主義的外衣成了剝削顧客的業者、攫取暴利的投機客、禁酒主義的支持者、尚武的愛國主義者、江湖騙子和空話製造者的利器。

自由主義顧此失彼，最終適得其反。支持者發現人人皆有偏見，卻始終沒有從這個衝擊緩過來。察覺到這個必然且顯而易見的真理，讓他忐忑到了極點，轉而逃向空泛之談。呼籲每個人展現人性光輝，只會讓人無所適從；選民、政治人物、勞工、資本家只好在需要時自訂準則，也許他們心中抱有籠統的自由主義情懷，但理智上欠缺自由主義思想的明確指引。總有一天，當自由貿易和自由放任的經濟政策在實踐中遭到摒棄，導致自由主義與這些政策的偶然關聯不復存在，自由主義將黯然地把自身合理化為一種不可或缺且有實際效用的精神存在，彷彿一個值得留在身邊的親切幽靈。如果一個人行事缺乏明確原則，僅憑當下自圓其說，當他陷入困境時，幽靈就會現身高談闊論，導正他行為中過於專斷的個人偏見。

即使在這種沒有實體的狀態，自由主義仍然有存在的價值。它通常能喚醒人們柔軟的一面，緩和強硬的行動，但不支配所作所為，因為理論框架已經將行動者排除在外。所有具主導性的思

想都必須能夠告訴人們具體該怎麼做,但自由主義給不出這樣的指引,只能說:這樣不公平、那樣很自私、這樣是暴政。因此自由主義向來是弱勢的捍衛者和解放者,但在這些人獲得解放後,並不會成他們的指導者。至於位居高位的人,則十之八九會把心中的自由主義精神撇到一邊。自由主義者只能苦澀的反思,他們只鑄造了解放的武器,卻沒能打造一種可供依循的生活方式。

自由主義者呼籲的對象是公眾,卻誤解了公眾的本質。不論發生什麼事,公眾實際上只是間接關係人,頂多會與其中一位行動者結盟並支持他。但自由主義者並沒有採取這種樸實無華的觀點,而是假設全人類都聽得到呼籲,而且還會予以一致的回應,因為全天下的人都擁有同一種靈魂。訴諸每個人心中這種宛如世界公民、普遍、公正的直覺,形同對空氣喊話。

積極參與事務的人所奉行的政治思想並不存在這種謬誤。他們無不認為,在對抗邪惡的過程中必須號召具體的代理人付諸行動,對他們而言這是天經地義的事。自古以來,就算思想家對人類心有不滿,他還是會選擇某個具體人物作為其思想體系的主角。綜觀在世界上發揮巨大影響力的理論,自由主義的獨特之處就在於它試圖完全抹除主角的存在。

第十四章 社會再定位

古希臘哲學家柏拉圖（Plato）一定會認為這很奇怪，畢竟他的著作《理想國》（*The Republic*）可是探討了統治階級應接受何種教育。來到13世紀的佛羅倫斯，義大利詩人但丁（Dante）在動盪中尋求秩序與穩定，但他沒有訴諸基督教世界的良知，而是向帝國派發聲。近代偉大的建國元勛漢彌爾頓（Alexander Hamilton）、加富爾（Camillo Benso Cavour）、俾斯麥、列寧（Vladimir Lenin），每個人心中都有某號人物或某群有血有肉的人，由這些人去實現胸中大業。當然，各個理論的代理人並不一樣。這個理論是指地主，那個理論是指農民、工會、軍事階級或製造業者，也有理論是針對教會、特定國家的統治階級、某個國家或種族。這些理論一定有具體的訴諸對象，唯獨自由主義沒有。

這樣比較下來，自由主義隱隱有一種與現實脫節的感覺。然而，人們對它的重視卻始終如一。儘管邏輯上有種種缺陷，實踐上有各種不足，但不知何故就是打中人類的需求。這些呼籲忽略了個體的差異，直接向理想中的人類發話，這不等同在說大家都渴望和平，而且人人互相容讓的和諧狀態是可以實現的嗎？在我看來就是如此。試圖避開特定目的，轉而追求普遍目的；避開獨特個性，轉而追求不帶個人色彩。這的確是在逃避人類面臨的

問題，但同時也顯示我們希望問題以何種方式解決。我們尋求一種調整過的狀態，盡可能完美的那種，就像出生之前那樣平靜無憂。有些人認為人是好戰的動物，即便真是如此，好戰的人也會希望有個能完美作戰的世界，裡面有足夠靈活的敵人能讓他大顯身手，但又不至於靈活到無法追擊。但凡是人，都渴望調整到屬於自己的完美狀態，但作為有限的個體，這種狀態都是根據自身的偏好定義。

由此可見，人人都有調整的需求，希望藉由調整來實現個人實際的長期目標，但自由主義無法滿足這樣的需求，因此仍然是個稱不上完整、沒有實體的思想，在「一與多」（the One and the Many，在此指個體與整體，或統一性與多樣性）的古老問題上碰壁。不過，只要不再將社會擬人化，問題就不是那麼難解決。正因為我們強制將社會擬人化，才會覺得困惑不解，不明白如何將眾多獨立的有機個體結合為單一同質的有機個體。只要不把社會視為某個實體的代稱，而是個人與周遭事物在歷經各種調整過後的總稱，上述雜亂的邏輯樹叢就得以清除。如此一來就可以不用顧忌理論，直接道出常識明明白白告訴你我的事實：行動的是個人，而不是社會；思考的是個人，而不是集體意識；作畫的是畫家，

第十四章 社會再定位

而不是時代的藝術精神；上戰場犧牲的是士兵，而不是整個民族；從事出口的是商人，而不是國家。正是以上這些個體之間的關係構成了社會，而正是因為這些關係所建立的秩序，才得以讓那些未被捲入爭議的個體以公眾的身分介入，表達出公眾意見。

第十五章
缺席的統治者

1

社會一元論的實際效用,乃合理化生活中政治與經濟權力高度集中的現象。既然社會被認為是有機體並自帶目的,這些目的應該由權力中心透過法律和決策清楚傳達給人民,這麼想似乎頗為合理。必須由他人先揭示目的,這個目的才能視為共同目的;要讓目的為人接受,就必須以命令的方式強制執行;要讓目的看起來就像是國家共同的目的,就必須轉變成有約束力的規則。人們就會像德國劇作家歌德(Johann Wolfgang von Goethe)所言:

「於是已然完成的大業屹立不搖,

第十五章　缺席的統治者

萬眾一心足以驅動千眾之手。」[1]

龐大社會的讚歌便是如此撰寫而成。2000年前,所有如中國和古希臘羅馬這樣的成熟文明,或許可以在完全沒有交流的情況下共存於世。而今,糧食供給、原物料、製造品、通訊以及世界和平構成了一個龐大的體系,任何部分出現嚴重失衡都會打亂整體運作。

由上而下俯瞰,這一體系內部的調整橫跨四方、錯綜複雜,顯現某種宏大的格局。有些持樂觀態度的人認為,這個體系走到最後說不定還能迎來天下一家的美好世界,原因是現在生活在進步社會的人們,彼此之間的依存關係已經相當明顯。然而,單一個體不可能穩定地俯視這個體系,也不可能洞見最終可能迎來的推測性結局。對個體而言,這代表在現實中,某些方面的物質生活水準有所提升,但左右他命運的變數也在增加,焦慮程度有增無減。我那鄉下鄰居借了錢種馬鈴薯,卻沒辦法賣掉變現。他看著一張張帳單,想著村裡的店家要求他馬上付清。這樣的現實讓他無法苟同世界相互依存的樂觀哲學觀點。遙不可及的紐約中盤

---

[1] *Faust*, Part II, Act v, scene 3.

商拒收他的馬鈴薯,對他來說等同天降災難,錯愕茫然的程度堪比遭遇乾旱或蝗災。

5月播種,9月收成,如今收穫結果不單單取決於風與天氣(他所信仰的宗教自古以來便如此認定),還取決於遠方如亂麻般交錯紛雜的種種人為安排,然而他手中握有的只是鬆散的線頭。生活也許過得比祖先更充實,經濟上更富裕,身體更健康,在他看來生活甚至更幸福。但他面對的卻是難以捉摸的局勢,在看不見的人的所作所為上冒險一搏。看不見的力量操控著市場,而他與市場的關係對個人生計有決定性影響,可是他對市場的預測並不可靠。這條如同鏈子的體系延伸到視野之外,而他不過是其中的一環。

銷售技巧和投機行為的作用,反映勞動與回報之間的差距。新聞工作者迪布利(George Binney Dibblee)表示,為了行銷英國蘭開夏郡(Lancashire)的產品,「曼徹斯特(Manchester)和利物浦(Liverpool)[2]的商人和貨棧業者,更別說郡內其他城鎮的行銷組織,大家投入的資金比整個棉花貿易中的製造業所需要的還

---

2 譯注:這兩座城市在1974年之前屬於蘭開夏郡。

多更多」。[3]根據美國經濟學家安德森（Benjamin Anderson）的計算[4]，1915年集散在芝加哥的穀物在期貨市場被交易了62次，另外還經過不知幾次的現貨交易。生產者面對的是看不見且變化莫測的市場，他們作為「經營者的初步計畫」[5]不可能充分應對所有變數，需要仰賴銷售技巧和投機行為來調整計畫，而這些調整往往十分粗糙且成本高昂。

在這樣的環境下，即使工匠具有全程掌控工序流程的專業能力，或是有節儉、精打細算和勤勉努力的品德，單憑這些都不足以成就一番事業。英國小說家和新聞工作者笛福（Daniel Defoe）在1726年出版的《道地英國商人》(*The Complete English Tradesman*)[6]中寫道：「從商不是只是一場戴著面具，角色扮演、取悅彼此的舞會……而是穩定可靠、清晰可見的樸實生活……全都建立在謹慎和節儉之上，」因此「謹慎經營和躬行節儉將讓財富無限增長。」在以前的時代，他大可這麼說。班傑明·富蘭克林也許

3　Dibblee, *The Laws of Supply and Demand*, cited by B. M. Anderson, Jr., The Value of Money, p. 259.
4　B. M. Anderson, Jr., *The Value of Money*, p. 251.
5　Ibid.
6　參見 Werner Lombart, *The Quintessence of Capitalism*, Chapter VII.

會表示：「如果主宰世界的存在並未在祂充滿智慧的旨意中另有安排（所有人都應該向這位存在祈求，願祂為他們的誠實努力賜予祝福），那麼人只要誠實地賺取所有能賺的，扣除必要開支後存下所有收入，必將變得富有。」直到最近，年輕一輩收到的勸勉之言仍然出自笛福和富蘭克林，雖然富蘭克林頗為聰明地將不可測的天意納入考量，但有時這部分會被省略。然而近來，成功的信條比較不強調節儉，而是著重願景和經營理念。在各種冠冕堂皇的空話之下，這個新信條模糊而熱切地指出一個真理：若想事業有成，必定要將心思投入看不見的大環境中。

這樣的需求醞釀大規模組織化的趨勢，而且勢不可擋。為了抵禦黑暗經濟勢力、大型壟斷企業或惡性競爭，農民共同成立了大型的集中銷售機構。商人組成大型同業公會。人們紛紛結為組織，直到委員會及受薪秘書的數量多到無法統計為止。這樣的趨勢隨處可見。如果我沒記錯，美國還有「全國微笑週」（National Smile Week）。總之，我們已經從內布拉斯加州（Nebraska）的例子發現，如果想在該州禁酒，其他地方也必須一起禁，因為內布拉斯加州無法獨立運作，它的力量太過薄弱，控制不了國際運輸活動。我們已經見識到，有社會主義者深信，社會主義只能在全

第十五章　缺席的統治者

天下都奉行社會主義的情況下維持運作；我們已經見識到，國務卿休斯（Charles Evans Hughes）堅信，資本主義只能存在於全天下都實行資本主義的世界；我們已經見識到，帝國主義者無不認為，他們必須推動落後的種族進步，活著才有意義；我們已經見識到，三K黨深信在全國範圍組織並販賣仇恨，將製造比以往更多的仇恨；我們已經見識到，1914年之前的德國人民被告知，他們必須在成為「世界強權或垮臺」（world power or downfall）[7]之間選擇，而法國人民在1919年之後的幾年間，被灌輸其他國家必須處在不安定的狀態，法國在歐洲才會「安全」的想法。綜上所述，人在不可預測的環境中有一種尋求穩定的衝動，方法是使構成個人活動脈絡中的所有人按一定標準行事，讓顯而易見的麻煩減少。這樣的衝動在以上例子和其他可觀察到的實例中顯露無遺。

讓越來越多人遵守相同的法律和習俗，而在擴大人數的同時，勢必也要開始控制法律制定與執行的機構，這個過程需要持續不斷的努力。如今換來的結果是決策權集中在中央政府、遙不

---

[7] 譯注：普魯士王國著名軍事史專家伯恩哈迪（Friedrich von Bernhardi）在1911年出版的著作《德國與下一場戰爭》（*Germany and the Next War*）中探討這個觀點。

可及的行政辦公室、黨團會議和指導委員會。無論這樣的權力集中是好是壞，是永久還是暫時的，至少可以肯定的是，在權力中心的決策者，與他們統治的人民以及手上事務的現實情況相距遙遠。縱使他們盡心盡力，自認為是代理人或受託者，但稱他們是在貫徹人民的意志，不過是一派胡言。這些人也許會明智治理，但過程中不會積極徵求人民的意見，頂多只能制定整體性的政策回應選民，而選民只會根據施政成果的某個細節做出判斷並行動。統治者看到的是整體輪廓，這個視角掩蓋了無數各式各樣的具體利益；他們的弊病是抽象化及概括化，在政治上表現為拘泥於法律條文和官僚體制。相反地，被統治者看到的是片面的生動細節，難以勾勒出整體的全貌；他們的通病是把狹隘偏見錯當成普遍真理。

決策中心與社會基層之間的距離日益擴大，削弱了公眾意見的約束力，這本是所有早期理論家倚賴的機制[8]。一百年前，民治政府的典型運作模式是以自給自足的鄉村為基礎，透過左鄰右舍彼此交談，形成並修正選民的意見。也許居民對女巫、幽靈、外

8　參見my *Public Opinion*, Chapters XVI and XVII.

第十五章　缺席的統治者

地人和其他世界抱持古怪的看法,但就村子本身的實際情況,居民之間並沒有太大分歧。不管發生什麼事,幾乎都能由村裡的長輩處理,他們只消稍作變通,便能因循當地居民熟悉的慣例解決。

但在缺席政府(absentee government)的治理下,這些對意見的校正機制幾近於零。決策帶來的結果常遠在天邊且顯現緩慢,導致錯誤無法即時揭發。左右決策的因素與民眾相距遙遠,難以清楚觀察,造成民眾下判斷時並沒有將這些因素納入考量。現實變得難以觸及,主觀意見千奇百怪。在這個相互依存的世界,欲望更可能成為人們行為的準則,而非習俗或客觀的法律。人們普遍追求安全、道德和國家天命:為了保全自身可以犧牲其他所有人的安全,為了個人道德觀可以犧牲他人的偏好和舒適,為了實現國家天命可以隨時隨地攫取所要之物。從行為到感受行為帶來的影響,從原因到結果之間的時間間隔逐漸變長,醞釀了一股崇尚自我表達的風氣,人人沉浸在自己的想法,剖析自己的感受。照這樣來看,個人對公共事務的發展無法產生深遠影響也就不足為奇了。

2

　　龐大社會的集權趨勢並非所有人都舉雙手贊成，也有許多人提出反對的理由[9]。法國政治哲學家托克維爾（Alexis de Tocqueville）曾說，缺乏地方自治機構的國家，也許可以建立自由的政府，但沒有真正的自由精神。將權力集中於單一一點，將使權力更方便奪取。英國作家亞瑟・楊恩（Arthur Young）在法國大革命期間曾問一些不住巴黎的法國居民：「你們打算怎麼做？」「不知道，」他們答道，「我們得看巴黎那邊怎麼做。」地方利益掌握在遙遠的權力中心手中，由日理萬機、疏於細節的人粗略處理。與此同時，在地方培養和篩選政治人才的工作則被拋在腦後。中央權力的負擔過重，導致官僚體系膨脹，形成充斥著文武百官的龐大層級結構。這些人處理的是堆積如山的公文，總是在跟紙上的符號打交道，很少接觸實際事物或社會大眾。中央集權的極致表現可以從某任法國教育部長的自誇名言一窺究竟：「現在是3

---

[9] 相關論點已簡明扼要呈現在 J. Charles Brun, Le Régionalisme, pp. 13 et seq. 另參見 Walter Thompson, *Federal Centralization*, Chapter XIX.

第十五章　缺席的統治者

點,我們統一讓法國所有3年級的學生此時此刻都在用拉丁文寫詩。」

以上論點無須再贅述。權力越集中,越不可能徵求相關人民的意見,並得到他們發自內心的贊同。制定的規則越廣泛,能考慮到的實情和特殊情況越少。規則與地方經驗的衝突越大,制定的源頭離人民越遠,規則越一體適用,就越不容易施行。籠統的規則往往會與具體需求相牴觸。遠方強加的規則常缺乏同意的認可。這些規則一來不太符合人民的需求,二來與人民的所思所想相距甚遠,因此無法憑藉習俗和理性獲得支持,需要仰賴強制力執行。

一個集權的社會,如果被「統治者是共同意志的代言人」這一虛言所支配,不僅會削弱個人的主動性,還會使公眾意見的作用變得無足輕重。原因在於,倘若全體人民的行動都集中到單一權力中心,公眾的規模就會變得極為龐大,以致即便只是針對具體問題做粗略客觀的判斷,也都難以實現。前幾章說明的測試可以讓公眾用來判斷規則是否可行或新提案是否合理,但當公眾人數達到數百萬人,種種問題又無可救藥地糾纏在一起,這些測試就沒什麼用武之地。在這樣的情況下,談論民主或如何提升公眾

意見的品質絲毫沒有任何意義。面對這種極其複雜難解的局面，公眾能做的不過是每隔一段時間，大力支持或反對當權政府，其餘時間只能忍受它的作為，在屈從和規避之間選擇看起來最方便的方式應對。將社會視為有機體的理論，在實務中代表將權力集中，也就是說，將單一目的這個概念具體化，落實在現實事務中，這個過程是透過權力集中實現。這也就代表，人們要麼得接受自己的目的難以實現，要麼必須設法阻撓中央權力所宣稱並佯裝是人心所向的目的。

第十六章
混亂之地

1

然而,集權的運作和擬人化社會的思想已然深深影響社會大眾。儘管大家都明白其中的危險,社會卻依然是集權統治,擬人化的思想也依舊存在,可見它們扎根在社會的原因不可能單純只是人們被錯誤的理論誤導。

仔細研究重大集權措施(例如《全國禁酒法》、《全國童工修正案》、由聯邦控制教育或鐵路國有化)的倡議者所列舉的種種困難,我認為可以歸結出一個核心思想:要解決問題,就必須擴大控制範圍,全面掌控問題的所有因素,否則,一點問題也解決不了。

前英國首相勞合・喬治在任期接近尾聲時,就是以此想法回

應外界對他的批評。雖然他能言善辯,但當時這段話背後的觀點幾乎稱得上是驅動當時社會帝國化與中央集權的最根本的動機:

「格雷勳爵(1905至1916年擔任英國外交大臣)希望在巴爾幹半島締造和平。他制定了和平計畫,但這份計畫經不起從倫敦到巴爾幹這條路上的各種顛簸,還沒到保加利亞首都索菲亞(Sofia)就已經分崩離析。錯不在他。計畫很好,立意絕佳。**但有些因素他控制不了**。他試圖阻止土耳其人投入戰爭成為敵方,這是重中之重的事,可是德國的外交太強大,非他所能抵擋。此外,他也試圖阻止保加利亞參戰成為敵對勢力,但德國的外交手段又一次打敗我們。不過,我從來沒有拿這些事奚落格雷勳爵,現在也無意這麼做。重點是,進到外交領域,我不會說有些事無從預見,因為實際上就是可以事先預料到,但的確有些因素是無力左右的。」[1]

前首相勞合・喬治在內政上可能也表達過同樣的想法。國內事務也有諸多無法掌控的因素。好比帝國為了保護邊境而擴張領土,然後又為了保護新邊境而再次擴張,中央政府也因情勢使

---

[1] Speech at Manchester, October 14, 1922

然,一步步將一個又一個利益置於掌控之下。

2

民主國家始終擺脫不了這樣的兩難困境:在制定規則的過程中,如果沒有取得大量同意,政府就會陷入挫敗;然而,若要解決各種極其重大的問題,政府似乎也找不到其他辦法,只能透過制定廣泛的規則來集權治理,但這些規則必定無法顧及同意原則。困擾民主的問題似乎無法用民主的方法解決。

在極端危機下,這種兩難局面顯而易見。也許戰爭可以為民主而戰,但不可能以民主的方式作戰。也許突然爆發的革命是為了推動民主,但革命本身將以獨裁的方式進行。也許民主在面對敵對勢力時會得到捍衛,但出謀獻策的將是安全委員會。1914年以來的戰爭與革命史充分證明了這一點:如果在危機時刻需要迅速一致的行動,民主的方法就使不得。

在上述情況下,這麼說合情合理。但為什麼在較為安逸穩定的時期,民主方法也屢屢被棄而不用呢?為什麼在和平時期,社會大眾還要作繭自縛,支持將權力集中,明明這樣會剝奪他們

對權力行使的控制權？也許是因為在和平時期，某些問題具威脅性，危機感十足，使得人們顧不得方法為何，都要尋求解決之道，而通常中選的就是最唾手可得的應對之策。這樣的解釋難道不合理嗎？

在我看來可以證明的是，令人覺得格外棘手的問題可以分為兩類，一是與國防或公共安全相關，二是關乎現代資本主義的力量。當問題涉及國民與外部武裝敵人的關係，或勞工、消費者或農民與大型工業的關係時，找到解決之道的需求便凌駕在對民主方法的重視之上。

隨著民族國家的興起和大規模工業的發展，現代世界正面臨前所未有的根本性難題。要解決這些問題，幾乎沒有先例可循，也沒有既定的習俗和法律體系可管。國際事務和勞資關係這兩個領域，形成社會中兩大無法控管的混亂中心，且已經滲透到社會的方方面面。民族國家擁有令人生畏的軍事力量，而大規模工業握有多層次的經濟壓迫手段，這兩股力量都不斷對個人安全造成威脅。以某種方式將之抵消、制衡、阻擋，似乎比拘泥於同意原則來得重要。

面臨某個國家的威脅時，周圍鄰國會紛紛戮力將自己打造成

更強大的民族國家;為了馴服資本主義的力量,眾人選擇支持發展龐大的官僚體系。為了對抗不受控制的危險力量,人們建立起名義上屬於自己的力量,然而這些力量同樣巨大無比且無法控制。

3

雖然以大制大的平衡機制換來了安全,但這種安全只是暫時的,隨時都可能崩潰。從1870年到1914年,世界處於平衡狀態。但後來平衡被打破,新的世界秩序尚未建立,各國內部的力量平衡也同樣不穩定。無論是工業領域還是國際事務,至今都沒能保持長期平衡,以致沒有足夠時間建立規則,讓力量的平衡穩定下來,並加以制度化。以力量制衡力量的做法在世界各地時有所見,但力量之間從未互相協調,協調的具體框架也不曾確立並為各方接受。

試圖以力量抵消力量來取得控制,這樣的構想十分合理。所有力量都有變得專斷的傾向,必須以其他力量制衡這個傾向,才能進一步以和平的方式控制人與人之間互相衝突的目的。會議、和談、法律和理性原則,這些機制只有在談判者的力量互相制

衡，達到勢均力敵的前提下，才能在重大事務發揮作用。也許各方本來就勢均力敵，也許較弱的一方在世界上有其他勢力作為隱形盟友，或者在國內事務中，有其他社會上的利害關係人在背後撐腰。但在法律得以制定之前，必須先有秩序，而秩序就是一種權力的安排與協調。

對民族主義者和集體主義者最嚴厲的批評，是指出他們一心想建立的權力平衡根本經不起時間的考驗。多元主義者至少會說他們所追求的目標必須採用其他策略才能達成，他們想建立的許多細緻、有層次的平衡，而非龐大、整體的平衡機制。全體人民藉由支持集權政府，並不能全面馴服資本主義。因為資本主義一詞概括的力量有太多太多，且分別作用在不同群體。國家作為一個整體，既不會接觸到所有力量，也無力全盤處理。我們必須採各個擊破的方式，從與特定資本力量相關的群體尋找可以制衡的力量，並由各個群體發揮所能，制衡在他們之上的專斷之力。將資本主義轉化為可以在法律規範下運作的體系，並不是仰賴制定普遍適用的法律來全面打擊資本主義，而是要深入具體層面，在每一座工廠、每一間辦公室、每一個市場，挫敗資本主義的專斷力量，並將驅動工業運作的整個關係網絡，從由專斷力量支配的

第十六章　混亂之地

狀態,轉為在明確穩定的規則下運行。

國與國之間無法控管的混亂狀態也是如此。倘若公民被視為國家有機體的一部分,其所作所為都視作國家行為,就不可能達成穩定的力量平衡。在此,也有必要打破一致性這種虛言,堅定主張商人之間的糾紛是他們自己的事,無關國家,同時強調雙方都有權在公平裁判下為自身權利辯護,但無權以愛國為由替自己開脫。像這樣將私人與國家利益區分開來,許多跨國爭端才能逐步進入有序的解決過程。國家之間的爭端有很大一部分(甚至可能占最大比例)是國民之間懸而未決的爭端累積起來的。如果這些本質上屬於私人的爭端可以處理得當,既不倚賴熾熱的愛國情操,也不把石油探勘者與國家整體混為一談,而且政府是作為法院之友保持中立,而非像律師那樣偏袒委託人,那麼各國政府之間的力量平衡將更容易維持。這樣的平衡並不會受到國家內部接連不斷的攻擊影響,也就是說,不會遭到爭取國家支持的私人利益者,透過沒完沒了的政治宣傳激起國內對外部勢力的懷疑,從而擾亂國家之間的平衡。但願各國政府之間的力量平衡能夠長期維持穩定,讓各方有足夠時間為國際會議建立一套可供參考的先例,這樣一來或許就能實現更長久的和平。

4

　　針對如何讓民主理論更貼近公眾意見的真實本質，依我淺見，以下僅是最粗略的部分結論。我的見解是，公眾意見既非上帝也非社會的聲音，而是關注某個行動的旁觀者的聲音。由此推論，我認為旁觀者和行動者的意見在本質上必不相同，他們能採取的行動在根本上也有差異。在我看來，公眾在爭論中自有其功能，也一定有其行動方法，不過功能與方法在性質上有別於執行者。混淆私人目的與共同目的，相信前者只是後者的衍生，是很危險的事。

　　相較於將公眾意見視為無所不能的泛神論觀點，我認為這樣的社會觀更切合實際、更可行。它既不假定行動者抱有普遍目的，也不允許他們自稱是共同目的的代理人，靠欺騙大眾獲得支持。他們應被視為特殊目的的代理人，不裝腔作勢，而是坦蕩磊落。他們必須與抱有其他特殊目的的人生活在同一個世界。需要做出調整的是社會，而最理想的社會要達到能讓每個人在最小的挫折下實現各自抱負的境界。當人們對其他人的目的表達立場時，就是以公眾的身分行事。而他們扮演這一角色的最終目標，

第十六章　混亂之地

是促成可以讓不同特殊目的可以相互協調的環境。

本書提出的理論主要將信任寄託在直接關係人身上，由這些人提出方案、執掌行動，並解決問題。這個理論盡可能將無知好事的局外人插手的程度降到最低，盡量不讓直接關係人受他們的影響。公眾只有在因調整失敗而引發的危機中才出手介入，但不是處理問題的實質內容，而是制衡妨礙調整的專斷力量。這個理論希望將公眾的注意力做最有效的運用，盡量讓他們在無法勝任的事情上少出手。本理論也限制他們以公眾身分行動時的努力方向，將其心力聚焦在力所能及的範圍，以及在社會動盪之際符合自身最大利益的事務中，也就是說，將他們的心力限制在有助平息動亂的干預行動上，如此一來他們才得以在秩序恢復後回歸自己的本職。

人們最投入的事，正是追求與自身利益相關的特殊事務，正是因為個體的勞動才得以讓生活變得更美好。我並不特別看重公眾意見和群眾行動能真的做到什麼。

5

　　我不打算提出任何立法計畫，也無意提出創新制度。我認為當前的民主理論差三錯四，以致阻礙並扭曲了民主的運作。本書抨擊了其中一部分錯亂的觀點，但不主張這些批評絕對正確無誤，唯一確信的是，錯誤的思想往往使人的思維僵化，變得難以從經驗中汲取教訓。我不曉得當大家學會從真實的角度看待公眾意見，而不是把它視為假想中的虛構力量時，會得到什麼啟示。現階段只要能瞭解英國哲學家邊沁（Jeremy Bentham）的這句話就夠了：「模稜兩可的話語所帶來的困惑⋯⋯會分散注意力並妨礙理解真相，同時也會刺激並煽動人們的情緒。」

第十六章　混亂之地

幻影公眾：民意與治理的慎思
The Phantom Public
沃爾特・李普曼（Walter Lippmann）著

書系｜知道的書Catch on! 書號｜HC0111

著　　者　沃爾特・李普曼
譯　　者　許珈瑜
行銷企畫　廖倚萱
業務發行　王綬晨、邱紹溢、劉文雅
總 編 輯　鄭俊平
發 行 人　蘇拾平

出　　版　大寫出版
發　　行　大雁出版基地 www.andbooks.com.tw
　　　　　地址：新北市新店區北新路三段207-3號5樓
　　　　　電話：(02)8913-1005 傳真：(02)8913-1056
　　　　　劃撥帳號：19983379　戶名：大雁文化事業股份有限公司

一版一刷　2025年5月
定　　價　399元
版權所有・翻印必究
ISBN 978-626-7676-03-5
Printed in Taiwan・All Rights Reserved
本書如遇缺頁、購買時即破損等瑕疵，請寄回本社更換

國家圖書館出版品預行編目（CIP）資料

幻影公眾：民意與治理的慎思 / 沃爾特・李普曼（Walter Lippmann）著；許珈瑜 譯 | 初版 | 新北市：大寫出版：大雁出版基地發行 | 2025.5
176面；14.8x20.9公分.（知道的書Catch on! ; HC0111）
譯自：The Phantom Public
ISBN 978-626-7676-03-5（平裝）

1.CST: 民主政治　2.CST: 公民社會

571.6　　　　　　　　　　　　　　　　　114002080

Catch on!

Catch on!
知识的风